Richard Auer | Gerhard von Kapff

111 Orte im Altmühltal und in Ingolstadt, die man gesehen haben muss

111

emons:

Bibliografische Information der Deutschen Nationalbibliothek
Die Deutsche Nationalbibliothek verzeichnet diese Publikation in der Deutschen Nationalbibliografie; detaillierte bibliografische Daten sind im Internet über http://dnb.d-nb.de abrufbar.

MIX
Papier aus verantwortungsvollen Quellen
FSC® C083411
FSC
www.fsc.org

Covermotiv: fotolia.com/Michael Tieck
Layout: Eva Kraskes, nach einem Konzept von Lübbeke | Naumann | Thoben
Kartografie: altancicek.design, www.altancicek.de
Kartenbasisinformationen aus Openstreetmap,
© OpenStreetMap-Mitwirkende, ODbL
Druck und Bindung: CPI – Clausen & Bosse, Leck
Printed in Germany 2021
Erstausgabe 2015
ISBN 978-3-7408-1472-4
Aktualisierte Neuauflage September 2021

Vorwort

Das idyllische Altmühltal und die aufstrebende Großstadt Ingolstadt: Wie passen die zwei zusammen? Gut, sehr gut sogar. Denn beide florieren auf ihre Art, und beide sind Nachbarn, die voneinander profitieren. Die Arbeitslosigkeit ist so gering wie kaum irgendwo anders, die Lebensqualität hoch. Hier lässt sich's leben.

Im Altmühltal und seiner weiten Umgebung gehen die Uhren im besten Sinne etwas anders: langsamer, beschaulicher. Müsste man das weltweit propagierte Projekt der »Slow Citys« auf eine Region ausdehnen – der Naturpark Altmühltal würde sich anbieten. In seinen kleinen Städten ist ein Flair zu spüren, wie man es aus Italien kennt. Mag sein, dass das an der Architektur liegt, die italienische Barockbaumeister einst nach dem Dreißigjährigen Krieg hier hinterlassen haben. Vielleicht liegt es auch an der Altmühl, diesem gemütlichen, freundlichen Fluss. Mit großer Selbstverständlichkeit genießen die Menschen hier das Leben, nicht provinziell, sondern weltoffen, herzlich und zufrieden.

Doch was wäre das Altmühltal, zumindest in seinem mittleren Abschnitt (für den westlichen Teil gibt es eigene »111 Orte im Fränkischen Seenland«), ohne Ingolstadt? Die altehrwürdige bayerische Herzogs- und Universitätsstadt hat sich nach dem Zweiten Weltkrieg zur boomenden Industriestadt, zum Technikstandort gewandelt. Das Weltunternehmen Audi, aber auch viele andere Firmen haben Anteil daran, dass Ingolstadt heute eine moderne, junge und – auch das – eine reiche Stadt ist. Kultur wird großgeschrieben, es gibt eine Technische Hochschule, die aus allen Nähten platzt. Junge Leute kommen, um zu bleiben. Ingolstadt ist in. Und viele Menschen, Einheimische wie Zugezogene, wollen gern mehr über die Stadt erfahren, in der sie da leben und arbeiten. Und sie fahren auch gern hinüber ins Altmühltal. An sie alle richtet sich dieses Buch voll mit Geheimtipps und kleinen Hintergrundgeschichten. Auf geht's auf Entdeckungsreise!

111 Orte

1 Der römische Haustierpark

Quicklebendiges Museum im uralten Landgut

Sage keiner, römische Geschichte sei eine trockene, blutleere Materie: Am Dorfrand von Möckenlohe liegt ein auf den originalen Grundmauern wieder aufgebauter römischer Bauernhof, eine villa rustica. Doch was wäre ein Bauernhof ohne Tiere, dachte sich der im Jahr 2020 verstorbene Museumsbetreiber Michael Donabauer, und so hat er direkt hinter der Villa mit ihrer Säulenhalle, den Wohnräumen, der Küche und dem typisch südländischen Innenhof einen kleinen Tierpark angelegt. Dort tummeln sich jetzt zur Freude der Besucher Haustiere, wie sie schon die römischen Bauern hielten.

Mühsam hat Donabauer, der seinen eigenen modernen Bauernhof direkt neben der Villa betreibt, uralte Haustierrassen in ganz Europa zusammengesucht. Orientiert hat er sich an römischen Darstellungen, an Reliefs und Mosaiken mit Tierdarstellungen. Jetzt gibt es hier Wollschweine und Steppenrinder aus Ungarn, Damhirsche, Schwarznasenschafe, Walliser Schwarzhalsziegen, altmodisch wirkende Perlhühner, Esel und blonde Fjordpferde. Letztere spannte Donabauer gern zu viert nebeneinander vor den Nachbau eines römischen Streitwagens und galoppierte mit dieser Quadriga übers Gelände.

Mit dem Haustierzoo hat das ohnehin sehr sehenswerte Museum eine Attraktion, die vor allem bei Schulklassen regelmäßig helle Begeisterung auslöst: »Die dürfen erst da raus, wenn sie drin in der Villa alles gesehen haben«, sagte Donabauer schmunzelnd. Dazu gehören dann unter anderem ein Backhaus und das luxuriöse Wohnzimmer des römischen Gutsherrn.

Jeweils am ersten Wochenende im August findet rund um die villa rustica ein römisches Erntedankfest statt, bei dem ganz praktisch gezeigt wird, wie die Römer im Hinterland des Limes einst Landwirtschaft betrieben haben. Da müssen dann auch die beiden ungarischen Steppenrinder ran: Sie ziehen Pflug und Egge. Und der brave Esel schiebt den historisch korrekten Nachbau einer Getreidemähmaschine.

Adresse Tauberfelder Weg 1, 85111 Adelschlag-Möckenlohe, Tel. 08424/3877, www.roemervilla-moeckenlohe.de | **Anfahrt** auf der B 13 von Eichstätt kommend Richtung Ingolstadt bis kurz vor Pietenfeld, dann auf der Staatsstraße 2035 Richtung Neuburg bis Möckenlohe, kurz nach dem Ortseingang links der Ausschilderung folgen | **Öffnungszeiten** Sonntag vor Ostern–31. Okt. Di–Fr 15–16 Uhr, Sa und So 13–17 Uhr | **Tipp** Unbedingt einen Besuch wert ist die Heilig-Kreuz-Kirche in Bergen (Stadt Neuburg), eine populäre Wallfahrtskirche aus dem Rokoko mit einer romanischen Krypta – und einer ebenso beliebten, auf hohem Niveau geführten Wallfahrtswirtschaft, dem Klosterbräu.

2 Die bodenlose Kirche

Ein Gotteshaus, unter dem die Römer schwitzten

Schon die Vorstellung ist bizarr: Eine Badeanstalt, überbaut mit einer Kirche – oder eine Kirche ohne Boden, unter der die Römer schwitzten. Das Römische Museum für Kur- und Badewesen in Bad Gögging ist einfach eine Schau.

Von dem Kirchlein abgesehen, bietet Bad Gögging nicht allzu viel. Die Gögginger mögen es verzeihen, aber es ist eben so: Wer nach Bad Gögging fährt, ist entweder selbst zu Gast in einer Reha-Klinik oder besucht die dort Kurenden.

Vielleicht ist es ein Trost: Schon die Legionäre Roms, bekanntermaßen Männer von stattlicher Natur, litten unter Rheuma und fuhren nach Bad Gögging, um sich zu erholen. Spätestens als sie in den Schwefelquellen Linderung fanden, war ein Badeaufenthalt in Gögging heiß begehrt. Bereits unter Kaiser Trajan wurden im Jahr 80 nach Christus die Gögginger Badeanlagen gebaut. Schon weil die römische Grenzfestung Abusina nahe lag, entwickelte sich Gögging zu einem der größten römischen Staatsbäder nördlich der Alpen.

Doch zurück zum Kirchlein St. Andreas im Ortskern von Bad Gögging. Das zentrale Becken der historischen Badeanlage liegt genau unter der Kirche. Nun wäre es einerseits undenkbar gewesen, die Kirche mit dem romanischen Portal abzureißen, andererseits wollten die Historiker wissen, was unter den Kirchenbänken zu finden war. Den Göttern sei Dank, dass ein Kompromiss gefunden wurde: Die Kirche ist heute ein Museum, der Boden im Kirchenschiff wurde zu weiten Teilen abgetragen, und ein Stockwerk tiefer kamen die alten Badeanlagen wieder ans Tageslicht.

So sehen die Besucher heute Teile des ältesten römischen Heilbades Bayerns sowie die Unterbodenheizung. Gut möglich, dass die älteren Gögginger bei deren Anblick noch heute schimpfen. Wer klirrend kalte Wintergottesdienste durchgestanden hat, darf schon mal klagen, wenn unter ihm zweitausend Jahre lang eine römische Bodenheizung ruhte.

Adresse Trajansstraße 8, 93333 Bad Gögging | ÖPNV von der Bundesstraße 299 in die Staatsstraße 2233, dann in die Straße »An der Abens« abbiegen und danach links in die Trajansstraße | Öffnungszeiten 1. März–31. Okt. jeweils Di–So 16–17 Uhr, Eintritt: 3 Euro, Kinder frei, Jugendliche (12 bis 15 Jahre) 1,50 Euro | Tipp In der Limes-Therme können Sie nicht nur Überreste ansehen, sondern auch baden wie die Römer.

3 Der spektakuläre Wehrgang

Ein Kleinod im Dornröschenschlaf

Das Städtchen Berching ist ein Kleinod, das ein wenig im Dornröschenschlaf schlummert. Denn so ganz ist nicht nachzuvollziehen, warum die Reisebusse beispielsweise in Dinkelsbühl in Massen halten, nicht aber in dem mittelalterlichen Städtchen am Main-Donau-Kanal. Die mächtige Wehrmauer Berchings mit ihren Türmen und Toren ist komplett erhalten wie vor Hunderten von Jahren. Besonders reizvoll ist der überdachte Wehrgang, der noch heute in weiten Teilen rund um die Stadt führt. Sicher, ab und an muss man sich bücken, die Menschen waren damals eben kleiner. Doch durch die Schießscharten auf der einen Seite und die offene Holzbrüstung auf der anderen lassen sich noch heute die reizvolle Landschaft außerhalb der Mauern oder eben das Städtchen aus einem sehr besonderen Blickwinkel entdecken. Auch der mittelalterliche Stadtkern Berchings ist weitgehend erhalten geblieben.

Sollten Sie eine arg pubertierende Tochter oder gar eine schwer zu bändigende Ehefrau an Ihrer Seite haben, mag der Besuch des Frauenturmes den Familienfrieden wiederherstellen. Er ist eine Warnung: »Böse und zänkische Weiber« wurden hier an den Pranger gestellt. Die Herren der Schöpfung hielten sich dagegen eher im Biersiederturm oder dem Zechhäusl auf.

Haben Sie ein wenig Schalk im Nacken, dann fragen Sie einen Einheimischen, was es mit dem »Berchinger Hecht« auf sich hätte. Ein wenig ungern wird er nun die Geschichte erzählen von dem einstigen Hochwasser und dem Hecht, der danach auf einem Feld liegen geblieben war. Ein Berchinger Bürger fand das ihm unbekannte Tier, das die ebenfalls ahnungslosen Ratsherren der Stadt letztlich als Vogel identifizierten. Ein Vogelkäfig wurde herbeigeschafft, und das herbeigeströmte Volk wartete gespannt darauf, wie das »Vöglein« mit dem weit aufgesperrten Rachen wohl singen würde. Kein Wunder, dass die Berchinger seither als »Hechte« verspottet werden.

Adresse Wehrgang auf der Stadtmauer, 92334 Berching | ÖPNV von Beilngries aus mit dem Bus 515 | Öffnungszeiten tagsüber | Tipp Sehenswert ist das Museum mit Multimediaschau über den berühmten Opern-Reformer Christoph Willibald Gluck, der 1714 bei Berching geboren wurde. An der Johannesbrücke 2, 92334 Berching.

4 Der Limesturm

Ein Bauwerk wie im wilden Westen

Wie haben sie denn nun ausgesehen, diese verflixten Limestürme? Bei der Suche nach einer Antwort tut die Wissenschaft das, was sie gern tut: Sie tappt im Dunkeln. Es fängt ja schon damit an, dass die rund 500 Wachtürme an der ehemaligen römisch-germanischen Grenze zunächst aus Holz waren, dann aber durch Steinbauten ersetzt wurden. Ein Bild davon ist auf der Trajanssäule in Rom überliefert. Aber ansonsten sind Phantasie und Mut zum Populismus gefragt – beides für Wissenschaftler ein Graus. Spätestens seit der Limes 2005 zum Unesco-Weltkulturerbe erklärt wurde, sind Rekonstruktionsversuche auf echten Grundmauern verboten.

Der hölzerne Wachturm, der bei Burgsalach direkt am Limes steht, ist also definitiv zu einer Zeit rekonstruiert worden, als man das alles ein bisschen lockerer sah. Neben einem Schotterweg steht dieses Ungetüm mit seiner Balkenkonstruktion und dem markanten umlaufenden Balkon. Umgeben ist der Turm von einer quadratischen Palisade, gesichert ist er mit einem ganz und gar neumodischen Vorhängeschloss, damit niemand Unfug anstellt. Alles schon passiert: Nahe Hienheim an der Donau, direkt am Beginn des Limes, ging vor einigen Jahren ein ähnlicher hölzerner Limesturm in Flammen auf. Brandstiftung!

Als Ersatz erhielten die Hienheimer nicht etwa wie gehabt ein Wachgebäude in volkstümlicher Western-Fort-Optik, sondern ein topmodern-architektonisches Turmkonstrukt, das allen Bedenkenträgern gerecht werden dürfte. Die Burgsalacher werden unter solchen Vorzeichen vermutlich gut auf ihren Holzturm aufpassen. Denn wie moderne Geschichtsbeschreibung aussieht, können sie 300 Meter weiter sehen: Aus absichtsvoll verrosteten Stahlplatten ist da ebenfalls am Limes eine Art Zoll- und Grenzstation aufgestellt, die dem Passanten mit Holzhammer-Pädagogik deutlich macht, dass auf der einen Seite die römische Provinz »Raetia« und auf der anderen das wilde »Barbaricum« liegt.

Adresse 91790 Burgsalach | **Anfahrt** über die B 13 von Weißenburg aus Richtung Eichstätt, etwa einen Kilometer nach Stadtgrenze Weißenburg über Staatsstraße 2228 (Beschilderung Wülzburg, Oberhochstatt) nach Burgsalach, in der Ortsmitte Ausschilderung zum Sportplatz beziehungsweise Burgus folgen, am Waldsaum beim Sportplatz nach links auf einem Schotterweg etwa 300 Meter | **Tipp** Im Wald bei Burgsalach finden sich gut ausgeschildert die wieder aufgemauerten Grundmauern des Burgus, eines römischen Kleinkastells, das für Süddeutschland absolut einzigartig ist. Vergleichbares gab es sonst nur in Nordafrika. Ein rekonstruierter steinerner Limesturm steht am Ortsrand von Erkertshofen (Markt Titting).

5 Das Russendenkmal

Wie Gorbatschow in die »Autobahngemeinde« kam

Vielleicht liegt es ja an der Autobahn, dass die Denkendorfer besonders reisefreudig sind. Ihr Dorf liegt direkt neben der A9, und während andere Ortschaften eine solche Verkehrsbelastung als Zumutung empfinden, nennen sich die Denkendorfer voll Stolz die »Autobahngemeinde«. Touristisch ist das Dorf eher unergiebig. Wäre da nicht in der Ortsmitte ein Denkmal aus Bronze: »Russenmädchen und Bayernbub«. Hand in Hand tanzen zwei Kinder und symbolisieren die Eintracht zwischen dem Bayernstamm und dem Volk der Russen. Daneben steht auch noch ein bronzenes Relief: Verewigt sind darauf Michail Gorbatschow, das einstige Staatsoberhaupt der Sowjetunion und Wegbereiter der deutschen Wiedervereinigung, und der legendäre bayerische Ministerpräsident Franz Josef Strauß. Gorbi in Denkendorf?

Es war im Jahr 1980, die atomare Bedrohung war auf ihrem Höhepunkt, als eine fröhliche Reisegesellschaft aus Denkendorf beschloss, man müsse sich Moskau ansehen. Die örtliche Blaskapelle war dabei, man gab auf dem Roten Platz ein Standkonzert, und es entstand die Idee einer »Städtepartnerschaft« zwischen Denkendorf und Moskau. Die Russenmetropole als Ganzes war dann doch eine Nummer zu groß, also entschieden sich die Denkendorfer für den Stadtteil Krasnaja Presnja.

Passend zur Gründung der Partnerschaft im Jahr 1986 wurde das Denkmal mit den tanzenden Kindern enthüllt. Geschaffen wurde es vom renommierten Künstler Dimitri Ryabitchev. Die Partnerschaft floriert bis zum heutigen Tag. Den Höhepunkt erlebte sie allerdings 1993: Damals war Gorbatschow in Bayern, und dank ihrer exzellenten Kontakte schafften es die Denkendorfer, dass »Gorbi« auch zu einem Festakt in ihr Dorf kam. Zu diesem Anlass wurde das Gorbi-Strauß-Relief enthüllt. Die Denkendorfer sind übrigens felsenfest davon überzeugt, dass der Fall des Eisernen Vorhangs auch ihnen und ihrer Blaskapelle zu verdanken ist.

Adresse Hauptstraße, 85095 Denkendorf | Anfahrt über die A 9 Ausfahrt Denkendorf, Ausschilderung nach Denkendorf (Ortsmitte) folgen bis zu Kirche und Rathaus (Hauptstraße) | Tipp In Westerhofen, einem Ortsteil der Nachbargemeinde Stammham, wurden 1856 die Grundmauern einer römischen Prachtvilla entdeckt: Höhepunkt war ein Mosaikfußboden mit Jagdszenen. Er befindet sich in der Prähistorischen Staatssammlung in München. In Westerhofen erinnert eine Infotafel an dieses bedeutende Bauwerk.

6 Die Limesbuche

Ein Baum tritt aus dem Schatten eines anderen

Die Limesbuche ist zweite Wahl, das ist nicht fair. Sie ist ein wunderbarer, riesiger Baum, eine beeindruckende botanische Persönlichkeit, kein Zweifel. Aber, wenn das Wortspiel erlaubt sei, so stand die Limesbuche doch immer »im Schatten« eines anderen, nur ein paar Kilometer entfernten Baumes – der berühmten Bavaria-Buche von Pondorf (Markt Altmannstein). Aus und vorbei: Die Bavaria-Buche, millionenfach als Traumbaum in Fotos und Postern und jahreszeitlichen Bilderstrecken abgedruckt, ist Geschichte, vom Sturm gefällt. Da gibt's nicht mehr zu sehen als die traurigen Reste, von einem Lattenzaun umhegt und zum »Erinnerungsgarten« deklariert. Dort fährt nur noch hin, wer eine Extralektion im traurigen Thema »So vergeht der Ruhm der Welt« braucht. Und so rückt die Limesbuche bei Gelbelsee von ganz allein in den Fokus.

Es ist eine mächtige Rotbuche, die (gut ausgeschildert) am Waldrand südlich des Dorfes steht, am Rande eines kleinen romantischen Tals namens »Tala«, umgeben von anderen Bäumen, sodass ihre gewaltige Größe erst auf den zweiten Blick deutlich wird. Der Stamm hat einen Durchmesser von über zwei Metern und einen Umfang von fast sieben Metern. Das Alter wird auf 350 bis 500 Jahre geschätzt. 500 Jahre!

Der Mensch sollte sich also Zeit nehmen, wenn er hier vorbeikommt, sollte dem Rauschen der Blätter lauschen, die Stille im »Tala« auf sich wirken lassen oder – warum nicht – in aller Ruhe hier Brotzeit machen. Hektik gibt's anderswo genug, nur ein paar hundert Meter weiter tobt auf der Autobahn A 9 der ganz normale Mobilitätswahnsinn. An Gelbelsee erinnert da nur ein profaner Rastplatz gleichen Namens.

Zurück zum Baum: Im Altmühltal kommt oft eines zum anderen. Wem so viel Natur nicht reicht, der bekommt noch große Geschichte als Dreingabe. Der römische Grenzwall, der Limes, verläuft nur einen Steinwurf entfernt, daher der Name Limesbuche.

Adresse 85095 Denkendorf-Gelbelsee | **Anfahrt** über A 9 Ausfahrt Denkendorf, in der Ortsmitte von Denkendorf Richtung Kipfenberg, nach 1,5 Kilometern rechts nach Gelbelsee, unmittelbar vor dem Dorf Straße nach links folgen (Hinweisschild Limesbuche) bis zu einer Schautafel | **Tipp** Beim Weiler Ottersdorf zwischen Berghausen und Hexenagger (Markt Altmannstein) steht die »1.000-jährige Eiche« mit einem Stammumfang von acht Metern (ausgeschildert ab Ottersdorf).

7 Das christliche Zen-Kloster

Ein bayrischer Ort im China-Fieber

Dietfurt hatte schon immer eine ganz besondere Vorliebe für China. Zunächst nur in Verbindung mit einem Spitznamen, später während des Faschings, seit ein paar Jahrzehnten mit einem Zen-Kloster der Franziskaner und heute sogar mit einem bayerisch-chinesischen Sommer.

Doch von Anfang an: Vor gut 150 Jahren beklagte sich der Eichstätter Bischof, dass die Dietfurter zu wenig Abgaben zahlen würden. Er schickte daher seinen Kämmerer in das Altmühldörfchen. Nur stand der vor verschlossenen Toren. Die Dietfurter hatten wohl mitbekommen, mit welchem Ansinnen der Abgesandte zu ihnen kommen wollte. Zornig kehrte der Kämmerer zurück zum Bischof: »Die Dietfurter benehmen sich wie die Chinesen. Sie verschanzen sich hinter ihrer Mauer und hören mir nicht einmal zu.« Der Spitzname Chinesen war geboren.

Allzu tragisch nahmen die Dietfurter das nie. Immerhin wandelte sich der Fasching samt Umzug seit 1920 immer mehr zum »Chinesenfasching«. Mit Kaisern, die Ma-Ya-Muc (Werner Maier) hießen, oder dem beliebten Friseur (bayrisch: Bader) mit dem naheliegenden Namen Boo-Dah-Washi. Noch heute geleitet Audi gern Gäste aus dem Reich der Mitte zum Chinesenfasching. Die sind meist fassungslos, schon ob der als Chinesen verkleideten Dietfurter.

Aus diesen Gründen passt auch das Zen-Kloster der Franziskaner perfekt zu Dietfurt. Im Meditationshaus bieten die Brüder seit 1977 asiatische Meditations- und Übungsformen wie T'ai Chi Ch'uan oder sakralen Tanz an. Es war ein Versuch, da damals noch unklar war, wie die Integration in den christlichen Glauben gelingen würde. Der Beweis, dass das Experiment gelungen ist, sind die stets ausgebuchten Kurse, deren übergreifendes Element übrigens ein sehr einfaches ist: das Schweigen.

Adresse Franziskanerkloster Dietfurt, Klostergasse 8, 92345 Dietfurt, www.meditationshaus-dietfurt.de | **Anfahrt** von der A 9 die Ausfahrt Kinding nehmen, der Staatsstraße 2230 nach Dietfurt folgen und im Ort links in die Bahnhofstraße einfahren, von der Keller- in die Hafnergassse einbiegen, an deren Ende befindet sich in der Klostergasse das Franziskanerkloster | **Öffnungszeiten** keine Besichtigung von innen möglich | **Tipp** Direkt gegenüber dem Kloster beginnt der Qigong-Weg. Ein 3 Kilometer langer Rundweg mit Anleitungen für Qigong-Übungen.

8 Das Naturwaldreservat

Auf dem Jägersteig im Jura-Urwald

Im Altmühltal Förster zu sein ist nicht immer ein Spaß: Hier wie auch in den Seitentälern sind die Hänge manchmal so steil, sind so massiv mit Felswänden durchsetzt, dass das Bäumefällen zur alpinen Spitzenleistung wird. Wo aber die Natur sich am wildesten gebärdet, lohnt sich (auch finanziell) die Überlegung: Sollte man nicht einfach den ganzen Hang unter Naturschutz stellen, ihn ganz offiziell zum Urwald erklären? So geschehen im Urdonautal zwischen Konstein und Dollnstein. Hier, beim Dörfchen Ried, liegt das Naturwaldreservat Beixenhard, ein echter Jura-Urwald.

Der Beixenhard ist einer von rund 150 ausgewiesenen bayerischen »Naturwäldern«, die konsequent sich selbst überlassen werden. Wenn hier ein Baumriese umfällt, bleibt er liegen und kann die nächsten Jahre oder Jahrzehnte vor sich hin modern. Da wird nichts gepflanzt, da wird nichts gefällt.

Der Mensch ist aber dennoch willkommen – in Gestalt des trittsicheren und gegebenenfalls auch schwindelfreien Wanderers. Denn mitten durch diesen Bio-Verhau aus altem Holz und neuem Leben, von Buchen und Pilzen, Moos und Farnen, führt hoch über dem Tal ein Pfad: der Jägersteig. Auch wenn die Strecke harmlos startet: Festes Schuhwerk ist auf der zweieinhalb Kilometer langen Route unbedingt gefragt, zumal es manchmal über frisch umgestürzte Bäume geht und ab und zu auch an einem Drahtseil entlang um steile Felsen herum.

Die kilometerlange Gebirgslandschaft mitten im Buchenwald, von unten kaum erkennbar, ist traumhaft. Einmal, am sogenannten »Sommerfelsen«, bietet sich sogar ein weiter Blick übers Urdonautal. Fast senkrecht geht es hier in die Tiefe, wer nicht schwindelfrei ist, hält einfach Abstand. Sollte aber tatsächlich jemand in Bergnot geraten: In Dollnstein ist vor einigen Jahren eine Bergwachtgruppe gegründet worden. Die ist per Vertrag mit Forstverwaltung und Naturpark auch für den Jägersteig zuständig.

Adresse 91795 Dollnstein | **Anfahrt** von der B 13 in Eichstätt über Staatsstraße 2230 (Altmühltalstraße) bis Dollnstein, am Ortseingang links ab Richtung Wellheim-Rennertshofen, nach 1,5 Kilometern links am Freizeitgelände am Dollnsteiner Weiher parken (Informationstafel), der Jägersteig beginnt auf der anderen Straßenseite am Waldrand, Hinweg im steilen Gelände, Rückweg auf flachem Waldweg im Tal | **Tipp** Der Tucherwald zwischen Wellheim und Feldmühle ist ein weiteres, allerdings erst seit 1998 bestehendes Naturwaldreservat im Urdonautal. Er ist Teil des Biotop-Lehrpfades Wellheim.

9 Die Bootsrutschen

Runter kommen sie alle …

Es wird zwar oft behauptet, die Altmühl sei in Europa der Fluss mit der langsamsten Strömung, aber wie bei vielen Superlativen ist das schwer zu beweisen. Wie auch immer: Die Altmühl hat ihren Ruf als lahm-zahmes Gewässer weg, was im Sommer Heerscharen von gänzlich unerfahrenen Leichtmatrosen anlockt. Die mieten sich ein Kanu und schippern mit Kind und Kegel gemächlich flussabwärts, wobei sie in trockenen Sommern oft genug auf Kiesbänken auflaufen.

Zwei Stellen zwischen Solnhofen und Dollnstein aber fordern die Bootsfahrer allesamt heraus: ein Nervenkitzel für die Hobbykapitäne, eine Riesengaudi für die Zuschauer am Ufer. Bei der Hammermühle gleich hinter Mörnsheim-Altendorf und zwei Kilometer weiter bei Hagenacker (vor Dollnstein) staut jeweils ein Querwehr den Fluss. Schilder am Ufer mahnen zur Vorsicht. Man könnte die Boote auch um das Wehr herumtragen. Schon von einiger Entfernung hört man das Rauschen des Flusses, der zwischen dicken Steinen das stromschnellenartige Gefälle auf einer Länge von vielleicht 15 Metern überwindet. Das Wasser brodelt auf ganzer Breite. In der Mitte aber haben die Flussbauer eine zwei Meter schmale Rinne für Wasserfahrzeuge aller Art konstruiert. Die Kunst ist es, dieses Nadelöhr selbstbewusst (»volle Kraft voraus!«) anzusteuern, dann die Paddel einzuziehen, ein bisschen zu kreischen und den Rest einem gnädigen Schicksal zu überlassen. Es gilt die alte Pilotenregel: »Runter kommen sie alle …«

Fast unvermeidbar ist, dass offene Boote einen Schwall Wasser fassen. Wenn aber (zu) viele Passagiere mitfahren, passiert es gelegentlich, dass das Kanu am Ende der Rutsche komplett vollläuft und in Titanic-Manier mit Mann und Maus versinkt. Weil die Altmühl hinterm Wehr nicht einmal einen Meter tief ist, hält sich die Gefahr für Leib und Leben in Grenzen. Für die Schadenfreude der Zuschauer gilt das eher nicht.

Adresse 91795 Hagenacker (Markt Dollnstein); 91804 Hammermühle (Markt Mörnsheim) | **Anfahrt** Pkw von der B 13 in Eichstätt auf der Staatsstraße 2230 (Altmühltalstraße) über Dollnstein Richtung Mörnsheim, an der Ortsdurchfahrt von Hagenacker nach rechts abbiegen, nach etwa 150 Metern Schotterweg nach links fahren, nach 200 Metern kommt ein Parkplatz; zur Bootsrutsche Hammermühle Staatsstraße 2230 weiter, an Altendorf vorbei, nach 200 Metern rechts zum Campingplatz | **Tipp** Altmühlabwärts zwischen Dollnstein und Breitenfurt liegt direkt am Radweg der 45 Meter hohe Dollnsteiner Burgsteinfelsen, ein beliebter Kletterfelsen mit Brotzeitplatz.

10_Das Hüttenwerk

Ein Stahltitan in des Fürstbischofs Eisenfabrik

Kunst ist nicht immer leicht – aber so schwer wie in Obereichstätt ist sie wohl nirgends. In Obereichstätt lebte und arbeitete nämlich der 2017 verstorbene Künstler Alf Lechner, und dessen Markenzeichen sind riesige Plastiken aus purem Stahl. Keine Hohlkörper, nein, da macht's die schiere Masse.

Ursprünglich hatte Lechner, dessen Stahlskulpturen weltbekannt sind, seine Werkstatt in Germering bei München, doch eines Tages entdeckte er den perfekten Ort zum Leben und Arbeiten: In Obereichstätt stand das ehemalige fürstbischöfliche Eisenhüttenwerk zum Verkauf. Auf dem riesigen Gelände gleich neben der Kirche stehen klassizistische Werksgebäude, ein Bach durchfließt das Areal, dessen Abgrenzung nach Norden hin eine gewaltige Felswand bildete.

In Obereichstätt ist 600 Jahre lang Eisenerz geschmolzen und verarbeitet worden, der ganze Ort war einst von dieser Tradition geprägt. Doch diese endete in den 1920er Jahren, dann kam eine Steinschleiferei und schließlich das vermeintliche Aus.

Der Stahltitan Lechner setzte auf seine ganz eigene, absolut moderne Weise die Obereichstätter »Eisenzeit« fort, und zwar dauerhaft in Form einer Stiftung. Die Hallen hat er zu Wohn-, Arbeits- und Ausstellungsräumen umgestaltet, auf dem ganzen Gelände sind weithin sichtbar seine Skulpturen verteilt – so sie nicht in aller Welt oder aber im Ingolstädter Alf-Lechner-Museum stehen. Und auch Obereichstätt selbst, das einstige Dorf der Eisenarbeiter, hat außerhalb des Lechner'schen Privatgeländes mehrere Stahlskulpturen erhalten, mitten im Dorf, direkt an der Altmühltal-Radstrecke. Das Werksgelände selbst kann nur hin und wieder bei Sonderführungen, die das Ingolstädter Alf-Lechner-Museum von Zeit zu Zeit anbietet, besichtigt werden. Der interessierte Blick von außen, einfach vom Fahrradsattel aus, tut es aber fürs Erste auch. Nur Banausen strampeln da einfach vorbei.

Adresse Hüttenwerk, Allee 3, 91795 Dollnstein-Obereichstätt | Anfahrt Von der B 13 in Eichstätt über die Staatsstraße 2230 (Altmühltalstraße) Richtung Dollnstein, auf Höhe Obereichstätt erst nach rechts (Eichstätter Straße), dann nach links Richtung Ortsmitte und gleich danach entweder über »Allee« (rechts) oder »Untere Dorfstraße« (geradeaus) weiter, die öffentlich zugänglichen Kunstwerke an der Unteren Dorfstraße sind jederzeit zu sehen, das Hüttenwerk selbst ist privat und nicht zu besichtigen. | Tipp Zwischen Obereichstätt und Wasserzell findet sich direkt neben dem Radweg ein außergewöhnliches Biotop-Experiment: Dort wurde vor einigen Jahren eine Begradigung der Altmühl aus den 1920er Jahren zurückgenommen, der Fluss erhielt eine Schleife zurück und wurde fast einen Kilometer länger. Eine Informationstafel am Weg klärt auf.

11 Die längste Bank Bayerns

Wo für die ganze Verwandtschaft Platz ist

Es gibt Plätze, die sind so schön, dass man immer wieder dorthin will, so reizvoll, dass sie auch beim zweiten oder dritten Besuch noch immer neue Aspekte oder bisher ungesehene Details preisgeben. Was an der Isar der Malerwinkel bei Geretsried ist, das ist in Obereichstätt der lang gezogene, flache Hang an der Hangkante über dem Ort. Ein Platz, um die Seele baumeln zu lassen.

Das Besondere hier ist, dass Sie auch mit der ganzen Verwandtschaft kommen können und trotzdem nie um einen Sitzplatz bangen müssen. Denn hier steht die längste aus einem Stück gefertigte Holzbank des Altmühltals, Bayerns und eine Zeit lang sogar ganz Deutschlands. Wie es dazu gekommen ist?

Im Jahr 2011 wollte auch der ehemalige Forstdirektor Michael Strixner einen Beitrag zum »Internationalen Jahr der Wälder« leisten und hatte die Idee mit der Bank: »Wir wollen zeigen, zu welchen Leistungen die Bäume im Naturpark Altmühltal fähig sind.« Noch deutlicher wird das mit einer beeindruckenden Zahl: Gut 40 Prozent des Landkreises Eichstätt sind bewaldet.

50 Meter reckte sich die Douglasie in die Höhe, ehe sie zwar gefällt, aber eben auch zu einer kleinen Berühmtheit wurde. Der Grund, warum Strixner ausgerechnet eine vor gut 150 Jahren aus Nordamerika eingeführte Baumart auswählte, war eine ganz nüchterne Überlegung: »Douglasien werden sechs bis acht Meter höher als unsere Fichten. Dann haben wir mehr Sitzfläche.« Exakt 36,50 Meter lang und fünf Tonnen schwer war die Bank, als sie aufgestellt wurde – und sie steht auf einem perfekten Platz.

Nachdem der Hang im Rahmen des Projekts Altmühlleiten entbuscht wurde, ist der Blick ins Tal einfach traumhaft. Kilometerlang schlängelt sich die Altmühl romantisch durch das Urstromtal. Familien und kleine Gruppen von Touristen sind parallel zum Fluss auf dem Altmühltal-Radweg unterwegs, und auf der Altmühl selbst paddeln Kanufahrer in Richtung Eichstätt.

Adresse 91795 Obereichstätt | ÖPNV mit der Bahn bis zum Bahnhof Eichstätt-Stadt, dann mit dem Bus nach Obereichstätt, von Obereichstätt aus dem Altmühl-Panoramaweg nach oben folgen | Öffnungszeiten immer | Tipp Gut 500 Meter dem Wegweiser folgen, und Sie erreichen das Museum Bergér. Hier sind herrliche versteinerte Exponate ausgestellt, und mit etwas Glück führt Sie der Chef selbst.

12 Das Collegium Orientale

Friedenscamp für orthodoxe Kirchen

Ikonen, wohin man auch blickt, gedämpftes Licht, das durch halb geschlossene Fensterläden dringt, Weihrauchduft hängt in der Luft: Dieser Kirchenraum könnte in Moskau sein oder in Kiew oder in Eriwan. Doch die Heilig-Geist-Kapelle liegt mitten in Eichstätt. Sie ist das Herz des Collegium Orientale am Leonrodplatz.

Das Collegium Orientale ist ein weltweit einmaliges Projekt der katholischen Kirche und wurde Mitte der 1990er Jahre eingerichtet. In den Räumen des bestehenden »normalen« Priesterseminars der Diözese Eichstätt, des 450 Jahre alten Collegium Willibaldinum, schuf man Platz für eine zweite Ausbildungsstätte: eine Einrichtung speziell für junge Männer aus orthodoxen Kirchen, die mit der katholischen Kirche verbunden sind.

Dem Collegium Orientale wurde eine Kapelle zur Verfügung gestellt, die im Laufe der Jahre immer aufwendiger ausgeschmückt wurde und inzwischen zahlreiche hohe und höchste orthodoxe Würdenträger gesehen hat. Die Studenten des Collegiums kommen aus verschiedensten Ländern. Gesprochen wird Deutsch. Die jungen Männer werden von ihren Heimatbischöfen nach Eichstätt entsandt, um an der Katholischen Universität Theologie zu studieren – aber das ist nur eine Seite der Medaille. Erklärtes Ziel ist es, die oft zerstrittenen orthodoxen Einzelkirchen ausgerechnet im kleinen Eichstätt zu einem konstruktiven Dialog zu führen. Es sollen sich tragfähige Kontakte bilden, die jungen Männer sollen später zu Hause als Versöhner und Brückenbauer tätig sein.

Die prächtige Liturgie der orthodoxen Gottesdienste kann auch von Besuchern mitgefeiert werden. Bei den ausschließlich in deutscher Sprache abgehaltenen Sonntagsgottesdiensten sind Gäste ausdrücklich gern gesehen, etwa 30 sind es regelmäßig. Und die Mitfeier der Osterliturgie gilt als Geheimtipp für Menschen, denen die Kirche nach dem Vatikanischen Konzil manchmal zu nüchtern scheint.

Adresse Leonrodplatz 3, 85072 Eichstätt, www.bistum-eichstaett.de/cor/ | Anfahrt In Eichstätt von der B 13 aus zum Großparkplatz am Freiwasser und zu Fuß in die Altstadt, dort über Marktplatz und Domplatz zum Leonrodplatz. Der Eingang ins Priesterseminar und damit auch zum Collegium Orientale befindet sich rechts neben dem Hauptportal der Schutzengelkirche. | Öffnungszeiten zugänglich nur zur Mitfeier des Gottesdienstes am Sonntagvormittag | Tipp In Eichstätt werden als einzigem Ort im Bistum mit bischöflicher Erlaubnis regelmäßig Messen nach dem alten lateinischen Ritus gefeiert. Die Gottesdienste finden in der Maria-Hilf-Kapelle, der alten Kirche des einst reichen Tuchmacherhandwerks, in der Westenstraße statt.

13 Der Frauenberg

Wo Segelflieger und Modellbauer entspannen

Manche Orte sind so schlicht wie eindrucksvoll. Wie zum Beispiel dieses Bänkchen an der Wetterfahne des Frauenberges. Roh gezimmert und ein bisschen zu hoch geraten, steht es auf einem schnöden Betonfundament. Der Berg ist von Eichstätt aus kommend ganz einfach zu erreichen. Am romantischsten mittels eines kleinen Durchschlupfs durch die Burgmauer.

Irgendwann ist die kleine Bank unübersehbar. Sie steht auf einem kleinen Buckel an der Hangkante, ist gleichermaßen Rastplatz und Aussichtspunkt. Rastplatz für diejenigen, die jetzt den Modellbaupiloten auf ihrem vereinseigenen »Flughafen« zusehen. Bastelfreaks meist, die ihre cockpitgleichen Kommandostationen wie Bauchläden vor sich hertragen und ihre Flugzeuge entweder vom Boden aus starten oder indem sie die Ultraleichtflieger in die Luft werfen. Hoch in der Luft sind die spektakulären Fluggeräte im ersten Moment kaum von richtigen Segelfliegern zu unterscheiden – das Surren der Motoren verrät sie dann aber doch.

Doch kehren wir den Modellfliegern den Rücken und setzen uns einfach andersherum hin – mit dem Blick in Richtung Tal. Die Aussicht hier ist phänomenal und je nach Tageszeit immer anders. Frühmorgens legt sich noch der Schatten des Frauenberges – manchmal auch der Frühnebel – über das imposante Kloster Rebdorf. Den ganzen Tag über liegt dagegen die gewaltige Flussbiegung des einstigen Urdonautales im Sonnenlicht, und spät am Abend, wenn die Schatten im Tal immer länger werden, strahlt die Sonne nur noch auf uns und die nahe Willibaldsburg. Selbst die Extremjogger, die vom Tal aus den Berg hinauf- und hinunterlaufen, sind längst beim Duschen – es wird wunderbar einsam auf dem Frauenberg.

Sogar ein Geheimtipp sei an dieser Stelle verraten: Nachts bei Vollmond vorbeikommen. Die Altmühl glitzert im schroffen Mondlicht und ist die einzige Bewegung in einem ansonsten in Ruhe erstarrten, mystischen Bild.

Adresse Bergrücken nahe der Willibaldsburg über Rebdorf und Marienstein | ÖPNV mit der Bahn bis zum Bahnhof Eichstätt-Stadt, dann auf der stadtabgewandten Seite des Bahnhofes 20 Meter der Frauenbergstraße folgen, dann links in der Sebastianstraße steile 15 Minuten zu Fuß nach oben | Anfahrt von der B 13 kommend gegenüber dem Bahnhof die Parkhausstraße den Berg hinauf, dort ausgeschildert | Öffnungszeiten immer | Tipp Ein Spaziergang zu den »richtigen« Flugzeugen. Es ist nur eine gut 15 Minuten lange Wanderung über die harmonisch flache Wiesenlandschaft immer in Richtung Norden bis zum »Hangar«. Wer mag, kann meist gleich mitfliegen: mit dem Motorflugzeug 30 Euro für ungefähr 15 Minuten, im Segelflugzeug mindestens 15 Minuten, meist aber länger, ab 18 Euro (Kinder ab 11 Euro).

14 Die Galerie der Kirchenkritik

Erste Hilfe für den spontanen Austritt

In der bayerischen Mundart gibt es die Ankündigung »Den mach' mer auch noch katholisch«, aber im Falle des Wolfgang Sellinger ist da Hopfen und Malz verloren. Im Gegenteil: Der vermögende Eichstätter Geschäftsmann hat es sich zum Ziel gesetzt, Menschen zum Kirchenaustritt zu bewegen. Der eher unscheinbaren Pfahlstraße in der Eichstätter Altstadt hat dieses Vorhaben ein provokatives Spektakel besonderen Kalibers beschert. Dort betreibt Sellinger seit 2010 eine Schaufensterfront, in der es ausschließlich um Kritik an Papst, Klerus und Kirche geht: die »Galerie der Kirchenkritik«.

Die Ausstellung ist in einem ehemaligen Sonnenstudio installiert, und zu sehen sind dort vor allem sorgfältig bedruckte Werbeschilder mit massiv antiklerikalen, teils auch kaum erträglich geschmacklosen Zitaten und Parolen. Mit Vorliebe werden Denker aus allen Zeiten zitiert, die sich an »Mutter Kirche« rieben: Friedrich Nietzsche, Kurt Tucholsky … Verbunden ist all das mit dem Aufruf zum Kirchenaustritt. Man sei gern behilflich.

Wie effektiv das ganze Unternehmen ist, lässt sich kaum einschätzen. Sicher ist, dass die Kampagne die Passanten spaltet: Während Touristen oft mit leichtfertiger Heiterkeit und ungläubigem Kopfschütteln (»Und das ausgerechnet in der Bischofsstadt Eichstätt!«) reagieren, haben sich die vielen Einheimischen nach einer ersten Phase von Entsetzen und heller Empörung auf die bewährte bayerische Strategie besonnen: »Den ignorieren wir nicht einmal …« Rechtlich scheint gegen die Galerie sowieso kein Kraut gewachsen zu sein – bei der Polizei stapeln sich fruchtlose Anzeigen. Der Provokateur selbst hat dafür ein gewisses Verständnis. Auf einer seiner Schautafeln ist der warnende Hinweis zu lesen: »Durch Religionskritik können religiöse Gefühle verletzt werden. Das liegt nicht in der Absicht des Verfassers, sondern vielmehr in der Natur der Sache.«

Adresse Fuchsbräugasse 1, Ecke Pfahlstraße 43, 85072 Eichstätt | **Anfahrt** in Eichstätt von der B 13 zum Großparkplatz am Freiwasser, von dort zu Fuß über den Herzogsteg in die Altstadt, an der Pfahlstraße wenige Meter nach links | **Tipp** In unmittelbarer Nähe am Marktplatz empfiehlt sich ein Besuch des kleinen, charmanten Cafés »Chocolatique«. Sie bringt einen Hauch französisches Flair nach Eichstätt – und man kann von dort aus wunderbar das Altstadtgewusel verfolgen.

15 Die Goldene Tafel

Ein verhasstes Zeichen wird zum heiteren Gruß

Wer auf dem Eichstätter Marktplatz steht und auf die Bergflanke im Norden blickt, etwa über das Hotel Adler hinweg, der sieht hoch oben, dicht hinter der Stadtmauer, einen Felsen mit Aussichtsplattform. Und zumindest an sonnigen Tagen wird ihm zwischen Sträuchern und Bäumen ein Lichtreflex ins Auge stechen: die Widerspiegelung einer kleinen goldenen Tafel, die in den platten Felsen eingelassen ist.

Der Felsen befindet sich am »Neuen Weg«, einem zu Recht äußerst populären Spazierweg, von dem aus man den Bürgern in die Suppentöpfe schauen kann. Man hat hier einen atemberaubenden Blick auf die gesamte Altstadt. Das war für die Nationalsozialisten nach ihrer Machtergreifung Anlass, in den Felsen ein großes steinernes Hakenkreuz einmeißeln zu lassen. Daneben befand sich schon etwas länger eine Gedenktafel des Nationalsozialistischen Kraftfahrerkorps. Über der Stadt thronte nun die Insignie des »Tausendjährigen Reichs«.

Als dieses Reich mit dem Einmarsch der amerikanischen Truppen zu Ende ging, war es auch um das Hakenkreuz am »Neuen Weg« geschehen. Die Amerikaner ließen das auch vielen Eichstättern verhasste steinerne Symbol vom Felsen weghämmern. Der »Hakenkreuzfelsen« präsentierte sich nun – wie ganz Deutschland – so harmlos, als wäre da nie etwas gewesen.

Bis sich Mitte der 1990er Jahre die Eichstätter Künstlerin Li Portenlänger, die selbst am Marktplatz wohnt, der am Felsen verbliebenen, nun gänzlich leeren Tafel der NS-Automobilisten annahm. Sie vergoldete die Tafel und stellte sie in einen neuen Zusammenhang. Sie ist nun Teil des – wenig bekannten – Kunstprojekts »Goldener Pfad«, der vom Felsen aus quer durch die Stadt bis in den Wald auf der gegenüberliegenden Talseite führt. Die Tafel blinkt seither im Sonnenschein auf den Marktplatz hinab – nicht mehr als Zeichen finsterer Macht, sondern als heiterer Gruß an die Bürger und ihre Gäste.

Adresse Neuer Weg, 85072 Eichstätt | **Anfahrt** in Eichstätt von der B 13 zum Großparkplatz am Freiwasser, zu Fuß zum Marktplatz und weiter über Gabrielistraße zur Luitpoldstraße, dort links und nach 100 Metern an der Einmündung »Neuer Weg« wieder links, nach weiteren steilen 100 Metern biegt der Wanderweg »Nummer 7« (hier zugleich Altmühltal-Panoramaweg) scharf nach links ab; immer an der Hangkante (mit Ruhebänken) entlang, bis hoch über dem Weg die Goldene Tafel zu sehen ist | **Tipp** Der »Neue Weg« bildet den Einstieg in den gut ausgeschilderten Wanderweg »Nummer 7« (ein Stück weit auch Altmühltal-Panoramaweg), der in etwa 2,5 Stunden auf herrlichen Pfaden um die Stadt führt. Unbedingt empfehlenswert!

16 Die Gutmann-Bühne

Kleinkunst mit dem Rücken zur Wand

Den »Brandner Kaspar« haben sie hier natürlich auch schon gespielt. X-mal wurde das berühmte alpenländische Stück auf der Bühne im »Wirtshaus zum Gutmann« gegeben, und man muss kein Lokalpatriot sein, um zu sagen: Eine bessere Kulisse wird sich in ganz Bayern nicht finden. Die Rückwand der Bühne ist nämlich – eine Felswand.

Das Anwesen, in dem sich heute eine zünftige urbayerische Wirtschaft mit Biergarten, Saal und ambitionierter Kleinkunstbühne befindet, war jahrhundertelang ein einfaches Kleinbauernanwesen. Knapp außerhalb der Stadtmauer gelegen, an den steilen Berghang geduckt, wirtschafteten die Eigentümer vermutlich mehr schlecht als recht vor sich hin. Das Fachwerkhaus hatte das für die Region typische steinerne »Legschieferdach«, ins Gebäude integriert war ein Stadel. Der Tittinger Brauereibesitzer Fritz Gutmann kaufte das leer stehende Anwesen Ende der 1980er Jahre, ließ es liebevoll renovieren und in ein Wirtshaus mit kleinem Biergarten umbauen, dem er ganz selbstbewusst seinen eigenen Namen gab. Und ihm schwebte ein Konzept für den Stadel vor: Er wurde mitsamt seiner Felswand zur Kleinkunstbühne.

Gut 100 Leute finden im Saal Platz, es wird oft ein wenig eng, das Publikum rückt den Künstlern auf der kleinen holzgezimmerten Bühne auf den Leib, kann die Darbietungen auch von einer schmalen Galerie aus verfolgen. Und die Künstler stehen buchstäblich mit dem Rücken an der Wand – am Felsen.

In der bayerischen Kleinkunstszene hat sich die besondere Atmosphäre im Gutmann-Saal längst herumgesprochen. Viele Kabarettisten kommen immer wieder, sind Stammgäste geworden. Und die Eichstätter Kulturszene hat den Saal ebenfalls zu ihrem Wohnzimmer erklärt: Regelmäßig gibt es selbst produzierte, ganz und gar nicht bayerntümelnde Theater- oder Musicalaufführungen, anarchistisch-frische Faschings-Prunksitzungen oder Poetry-Slam-Wettbewerbe.

Adresse Am Graben 36, 85072 Eichstätt, www.gutmann-eichstaett.de | Anfahrt in Eichstätt auf der B 13 zum Großparkplatz am Freiwasser, über Marktplatz, Domplatz und Leonrodplatz bis zum Kardinal-Preysing-Platz, dort rechts den Berg (Am Graben) hoch, direkt auf das Wirtshaus Zum Gutmann zu | Tipp Die Brauerei Gutmann in Titting im Anlautertal (in einem ehemaligen Wasserschloss beheimatet) ist berühmt für ihr Weißbier. Brauereibesichtigungen finden von Mai bis Mitte September jeden Donnerstag (außer an Feiertagen) um 15 Uhr statt. Treffpunkt ist im Schlossinnenhof. Anmeldung ist unter Tel. 08423/99660 erforderlich.

17 Das Holbeinfenster

Ein gnadenloser Allesfresser im Dom

Da hat sich einer was getraut, damals, vor über 500 Jahren: Aber so sind sie halt, die richtig großen Künstler. Sie haben keinen Respekt vor Obrigkeiten, seien sie weltlichen oder geistlichen Standes. Holbein der Ältere jedenfalls, der berühmte Maler aus Augsburg, hat ums Jahr 1500 im Eichstätter Dom ein Glasfenster hinterlassen, in dem Papst und König in den Höllenschlund wandern.

Das berühmte Glasfenster zum Thema »Das Jüngste Gericht« befindet sich zusammen mit weiteren Glasfenstern in einer beeindruckenden gotischen Nebenhalle des Doms, dem »Mortuarium«, der ehemaligen Grablege des aristokratischen Domkapitels. Die Farben im Glas sind so frisch und leuchtend wie am ersten Tag. Das Gemälde selbst, ein »Wimmelbild« voll von himmlischem, höllischem und irdischem Personal, ist so plakativ, dass es an einen modernen Comic erinnert. Wie so oft lohnt sich genaues Hinschauen.

Während auf der linken Seite des Bildes die Gerechten und Geretteten auf eine güldene Paradiespforte zuschreiten, kämpfen in der Mitte noch die Mächte des Guten und des Bösen um die armen Seelen.

Auf der rechten Seite allerdings ist die Sache schon böse ausgegangen: Da reißt ein giftgrünes Monster mit gelb glühenden Augen sein riesengroßes Maul auf und verschlingt die Übeltäter. Den Sündern hilft kein Händeringen. Flammen züngeln, ein rotgesichtiger Teufel bläst ins Horn. Vor dem Rachen des Höllentiers aber steht ein Papst in prächtigem Gewand, gekrönt mit der Tiara, und wendet sich verzweifelt ab. Nicht besser geht es einem König gleich daneben. Welch eine Aussage am Ausgang des Mittelalters!

Künstler Holbein freilich hat sich abgesichert: Auf der Paradiesseite finden sich ein anderer Papst und ein anderer König. Und der einfache Dombesucher darf sich in Eichstätt schon seit 500 Jahren seine Gedanken machen, auf welcher Seite wohl die jeweils aktuellen Amtsinhaber enden mögen.

Adresse Mortuarium des Doms, Residenzplatz 7, 85072 Eichstätt | **Anfahrt** auf der B 13 in Eichstätt zum Großparkplatz am Freiwasser, Fußweg über Herzogsteg, Pfahl- und Residenzstraße zum Residenzplatz, am linken Platzende Eingang zum Mortuarium, Zugang auch durch das Hauptportal des Doms am Domplatz möglich | **Öffnungszeiten** tagsüber | **Tipp** Das Domschatz- und Diözesanmuseum befindet sich direkt über dem Mortuarium. Wertvollste Exponate sind 500 Jahre alte Wandteppiche, die das Leben der heiligen Walburga zeigen.

18 Das Jurahaus-Museum

Die Neugeburt der »Lila Villa«

So etwas können nicht viele Regionen in Deutschland vorweisen: einen ganz eigenen Haustypen, den es nur hier und nirgendwo anders gibt. Das Altmühltal hat die Jurahäuser, aber leider werden es immer weniger. Für den Erhalt der letzten dieser einmaligen Gebäude setzt sich der Jurahaus-Verein mit etwa 800 Mitgliedern ein – und hat dafür in Eichstätt ein Museum errichtet. Mit dem schlichten Namen »Museum Das Jurahaus«.

Die Jurahäuser haben eine zentrale Gemeinsamkeit: Ihre Dächer sind mit dünnen Kalksteinplatten aus den regionalen Steinbrüchen gedeckt. Die Platten werden schichtweise übereinandergepackt, sodass das Haus am Ende einen unglaublich schweren steinernen Schuppenpanzer trägt. Entsprechend massiv sollte der Dachstuhl sein. Und das Dach muss sehr flach geneigt sein, damit die nicht eigens befestigten Platten nicht ins Rutschen geraten. Die Häuser wirken klobig und gedrungen, mit ihren kleinen Fensteröffnungen fast archaisch. Es gibt weder Erker noch Balkone. Die Mauern sind aus dicken Bruchsteinen aufgemörtelt. Einstmals waren in den Dörfern, Märkten und Städten des Altmühltals fast alle Häuser so gebaut, aber in den 1970er Jahren begann der massenhafte Abbruch. Die Häuser waren ihren Besitzern nun auf einmal zu bescheiden, zu ärmlich.

Das Museum informiert rund um die Jurahäuser, und es zeigt gleichzeitig, wie so ein altes Haus renoviert werden kann. Denn das Museumshaus ist selbst ein Jurahaus, das vor dem Abbruch stand und in den Augen der allermeisten Bürger ein hoffnungsloser Fall war. Wegen der lila Fassadenfarbe trug es den Spitznamen »Lila Villa«. Die Stadt Eichstätt hatte hier zuletzt jahrelang recht provisorisch Obdachlose einquartiert, bis der Jurahaus-Verein das unscheinbare Anwesen kostenlos übernahm und mit hohen Zuschüssen vorbildlich renovierte. Die »Lila Villa« erlebte ihre Wiedergeburt. Als Informationsbörse und zugleich als Anschauungsobjekt für Hausbesitzer und Touristen.

Adresse Rot-Kreuz-Gasse 17, 85072 Eichstätt | **Anfahrt** in Eichstätt auf B 13 zum Großparkplatz am Freiwasser, von dort über Marktplatz, Gabrielistraße zur Luitpoldstraße, dort links auf der Straße im Buchtal, bis rechts als Haarnadelkurve die Rot-Kreuz-Gasse abzweigt | **Öffnungszeiten** 15. April–Ende Okt. Di, Mi 9–12 Uhr, Do, Fr 14–17 Uhr, So 14–16 Uhr; Nov.–14. April Mi 9–12 Uhr, Fr 14–17 Uhr, weitere Besichtigungen durch Führungen der Tourist-Info Eichstätt, www.jurahaus-verein.de | **Tipp** Ein besonders schönes Ensemble von Jurahäusern findet sich in unmittelbarer Nachbarschaft zum Museum in der historischen Ausfallstraße nach Norden namens »Buchtal« sowie rund um das »Wirtshaus zum Gutmann« am Graben (siehe Ort 16).

19 Das Kettner-Grab

Eine Frau kämpft für die Kaiserin

Sie habe halt von Kindheit an einen Hang zum »Militari« gehabt, erklärte die junge Frau bei ihrer Vernehmung. Da stand sie nun, im Jahr 1746, vor den höchsten Militärs Österreichs und musste erklären, wie es zu dieser beispiellosen Blamage gekommen war: In der Armee ihrer Kaiserlichen Hoheit Maria Theresia hatte fast sechs Jahre lang eine Frau gedient und war sogar zum Unteroffizier befördert worden.

Die junge Frau hieß Johanna Sophia Kettner, stammte aus Titting im heutigen Landkreis Eichstätt und hatte sich von den Österreichern anwerben lassen. Sie hatte sich einfach als Mann ausgegeben. Sechs Jahre lang kämpfte die Kettnerin auf verschiedenen Schlachtfeldern und wurde wegen großer Tapferkeit Korporal. Doch eines Tages 1746 erkrankte sie, und der Feldarzt stellte bei der unausweichlichen Untersuchung fest, dass sich da eine Frau in die kaiserliche Armee gemogelt hatte. Ein Skandal!

Johanna Sophia Kettner wurde zur Vernehmung nach Wien gebracht, der Fall wurde der Kaiserin persönlich vorgetragen. Die entließ die 26-jährige Kettnerin ehrenhaft aus ihrem Dienst. Auf der Entlassungsurkunde findet sich der handschriftliche Vermerk von Maria Theresia: Die tapfere Soldatin solle lebenslang eine monatliche Pension von acht Gulden bekommen.

Johanna Sophia Kettner zog in ihre Heimat zurück, nach Eichstätt. Dort starb sie 1802 im Alter von 82 Jahren. Ihr Grab findet sich im kleinen, aufgelassenen Westenfriedhof, vom Volksmund auch Pestfriedhof genannt. Der etwas versteckt liegende Gottesacker ist mit der Friedhofskapelle St. Michael, seinen alten Bäumen, verwitterten Grabsteinen und hölzernen Ruhebänken ein fast verwunschener Ort mitten in der Stadt. Der Grabstein der Kettnerin aber, auf dem diese ungewöhnliche Geschichte eingemeißelt ist, erinnert an eine einfache Frau, die ihre Träume wahr machte, selbst um den Preis, dass sie ein Mann werden musste.

Adresse Michaelskapelle mit Pestfriedhof, Westenstraße 88, 85072 Eichstätt | **Anfahrt** In Eichstätt auf der B 13 zum Großparkplatz am Freiwasser. Zu Fuß zum Marktplatz. Dort auf der Westenstraße (nach links) etwa 500 Meter stadtauswärts. Der Friedhof liegt auf der rechten Seite. Das Kettnergrab liegt etwa auf halber Höhe des Friedhofs an der rechten Mauer und ist durch eine kleine Informationstafel gekennzeichnet. | **Öffnungszeiten** ganzjährig | **Tipp** Etwa 200 Meter stadteinwärts liegt auf derselben Straßenseite die Maria-Hilf-Kapelle. Unmittelbar dahinter befindet sich etwas versteckt am Hang der malerische »Kapellbuck« – ein Häuserensemble mit Forellenteich und Bachlauf.

20_Der »Hauptbahnhof«

Wer hier sitzen bleibt, verpasst Eichstätt

Wie viele Menschen sich hier wohl schon verfahren haben? Tausende. Es ist einfach zu unwahrscheinlich, dass man als Zugreisender mit Ziel Eichstätt wirklich hier (!) aussteigen sollte: mitten im Wald an einem Bahnhof, der so einsam liegt, als wäre man im Wilden Westen. Und es dürfte einen nicht wundern, wenn neben dem etwas schäbigen Bahnhofsgebäude Charles Bronson mit seiner Mundharmonika auftauchte. »Spiel mir das Lied vom Tod« lässt grüßen.

Es ist nämlich so, dass die Stadt Eichstätt den direkten Anschluss an die Eisenbahnhauptstrecke einst verpasst hat, und so führt die Hauptlinie Treuchtlingen-Ingolstadt ungerührt in fünf Kilometern an der Bischofsstadt vorbei. Die Züge halten zwar, aber irgendwo im Nirgendwo, wo Fuchs und Hase sich gute Nacht sagen. Kein Gastronomiebetrieb stört hier den Eindruck von absoluter Einsamkeit. Und wer Gepäck und Rad dabeihat, muss sich plagen: Aufzüge gibt es in der Bahnunterführung nicht.

Der arglose Reisende neigt mit Blick aus dem Fenster dazu, einfach weiterzufahren, in der Annahme, die richtige Stadt käme eben bei der nächsten Station. Ein verhängnisvoller Irrtum, denn da warten je nach Fahrtrichtung nur Dollnstein beziehungsweise Adelschlag.

Wer nach Eichstätt will, muss aus- und umsteigen. Eine Nebenlinie, eine fünf Kilometer kurze einspurige Stichstrecke, führt vom »Hauptbahnhof« hinab ins Tal. Kurz, aber so idyllisch, als wäre sie dem Märklin-Prospekt entsprungen: Denn gleich am Anfang geht es durch den 189 Meter langen Schneckenbergtunnel, dann über die Haltestellen Wasserzell und Rebdorf-Hofmühle zum Bahnhof Eichstätt-Stadt, mit herrlichem Blick auf die riesige Klosteranlage von Rebdorf, die Willibaldsburg und insbesondere das in kühnem Bogen geschwungene Altmühltal. Für Lokalpatrioten jedes Mal besonders erfreulich: Der Zug bummelt direkt am Betriebsgelände der Hofmühl-Brauerei entlang.

Adresse Bahnhofstraße, 85072 Eichstätt | **Anfahrt** von der B 13 in Eichstätt über die Kreisstraße EI 13 nach Wasserzell und weiter (Richtung Adelschlag) nach Eichstätt-Bahnhof – oder vom Bahnhof Eichstätt-Stadt aus per Bahn | **Tipp** Die Bahnstrecke von Eichstätt-Bahnhof nach Eichstätt-Stadt führte ursprünglich als »Altmühlbahn« weiter bis nach Kipfenberg und Beilngries. Die Strecke wurde 1973 aufgegeben. Manche Abschnitte des alten Bahndamms sind heute Teil des beliebten Altmühltal-Radwegs.

21 Das Kloster Rebdorf

Einst das Alcatraz im Altmühltal

Die absolut sehenswerte riesige Klosteranlage altmühlaufwärts von Eichstätt wirkt mit den beiden Türmen der im Kern romanischen Kirche St. Johannes und ihrer barocken gelb-weißen Fassade italienisch und heiter. Das ehemalige Augustiner-Chorherrenstift beherbergt seit Jahrzehnten eine kirchliche Realschule, doch ob die Schüler diese Heiterkeit immer spürten, darf diskutiert werden. Außer Frage steht allerdings, dass das altehrwürdige Kloster, das bis ins 12. Jahrhundert zurückreicht, genau 100 Jahre lang für seine Bewohner alles andere als ein Vergnügen war: Von 1857 bis 1958 war Kloster Rebdorf Zwangsarbeitsanstalt und Arbeitshaus. Spuren davon lassen sich bis heute erkennen.

Die Klosteranlage, deren wichtigste Bauten Werke des Graubündener Meisters Gabriel de Gabrieli sind, hatte in der Säkularisation 1805 dasselbe Schicksal erlitten wie viele andere Klöster: Es wurde aufgelöst und fiel an den Staat. Der machte die Immobilie 1857 zu einer »Besserungsanstalt« für Männer aus ganz Bayern, die nicht ins bürgerliche Raster passten: Arbeitsscheue, notorische Bettler, Kleinkriminelle, Homosexuelle. Weil sie unter anderem zum Ausräumen der Abortgruben in den Eichstätter Häusern eingesetzt wurden, erhielten sie den nicht freundlich gemeinten Beinamen »Rebdorfer Odlpumper«. Erst 1957 war im bayerischen Justizsystem kein Platz mehr für die berüchtigten Arbeitshäuser, und das »Alcatraz im Altmühltal« schloss.

Die Herz-Jesu-Missionare übernahmen das Kloster und richteten eine Realschule ein. Heute ist die Schule in Trägerschaft der Diözese Eichstätt. An die Zeit des Arbeitshauses erinnern stark vergitterte Fenster, ein eisernes Tor mit gezackter Oberseite und ein langer Kanal, der von der Altmühl abzweigt und direkt am Kloster vorbeiführt. Mit seiner Hilfe wurde einst Strom fürs Arbeitshaus produziert. Ausgehoben haben ihn die viel geschmähten »Arbeitsscheuen«.

Adresse Kloster Rebdorf, Pater-Moser-Straße 3, 85072 Eichstätt | Anfahrt in Eichstätt von der B 13 über die Staatsstraße 2230 (Altmühltalstraße) Richtung Dollnstein bis Rebdorf, Parkplätze gegenüber der Klosteranlage, direkt neben dem alten Kanal verläuft der Altmühltal-Radweg | Öffnungszeiten jederzeit zugänglich | Tipp Am Ortsausgang von Rebdorf, direkt neben der Straße, hat der Imker-Kreisverband Eichstätt einen Lehrbienengarten angelegt. Informationstafeln vermitteln Wissenswertes über die Welt der Bienen.

22 Das Deifel-Denkmal

»Und alles wegen dem Naboleon«

Ein Kunstwerk wäre Josef Deifel nicht gerecht geworden. Die Bronzestatue für den Soldaten am südlichen Ufer des Essinger Altmühl-Altwassers steht für die Geschichte eines einfachen Menschen, der zur Zeit der Napoleonischen Kriege in die bayerischen Streitkräfte eingezogen worden war.

Abends nach der Schlacht am Lagerfeuer schrieb der 19-Jährige, der nur selten die Schule besuchen konnte, verzweifelt seine Eindrücke auf. In ungelenker Schrift und aus der jüngsten Erinnerung heraus schilderte er seine Erfahrungen auf kleinen Zetteln, die später in Buchform gefasst wurden. Als einfacher Mann versuchte der Infantrist, der 1790 in Essing geboren wurde, nicht etwa literarisch zu bestechen. Seine Aufzeichnungen sind vielmehr der Versuch, mit den schrecklichen Erlebnissen und Bedingungen, denen ein Soldat dieser Zeit ausgesetzt war, zurechtzukommen. »Und alles wegen dem Naboleon«, schrieb er nach einem dieser traumatischen Tage. Besonders tragisch war in seinem Fall, dass er lediglich deshalb eingezogen wurde, da sich ein anderer junger Mann aus einer Nachbargemeinde freigekauft hatte.

Der Sohn eines Eisenschmelzers schildert mit Schrecken, wie brutal die Soldaten bei der Niederschlagung des von Andreas Hofer angeführten Tiroler Volksaufstandes vorgingen. Als neun Zivilisten jede Kooperation verweigern, »werden sie aufgehängt in denen dort stehenden Erlenbäumen. Ein K.B. Kanonier erfüllt die Exekution auf Befehl.« Dass unter den Gehenkten auch ein Mesner war, erschütterte den katholischen Deifel ganz besonders.

Deifels – teils durchaus ironische – Erinnerungen sind unter dem Titel »Mit Napoleon nach Russland« nach wie vor im Buchhandel zu haben. Und im Erdgeschoss des Essinger Rathauses liefert eine Dauerausstellung interessante Hintergründe zur damaligen Zeit – und zu den erstaunlichen Gedanken dieses einfachen und doch klugen Mannes.

Adresse 93343 Essing, in der Ortsmitte neben der Touristen-Info, direkt an der Südseite der alten Holzbrücke | **Anfahrt** von der Staatsstraße 2230 ins ausgeschilderte Ortszentrum zum Rathaus | **Öffnungszeiten** immer zu besichtigen | **Tipp** Die Ruine der Burg Randeck thront weit oberhalb von Essing an einem Felsvorsprung. Der Eintritt ist nur mit einer Führung (Klingel direkt an der Burgbrücke, 1 Euro) möglich.

23 Das Felsenhäusl

Wo Neandertaler und Höhlenhyänen hausten

Sie hätten gern ein Muscum, das nur für Sie öffnet? Einen begeisterten Museumsdirektor, der ausschließlich für Sie und Ihre Liebsten eine leidenschaftliche Führung anbietet? Ein Museum, in dem Sie sogar schlafen können – ohne von »Nachts im Museum«-Gestalten attackiert zu werden? Dann ist Essing der richtige Ort für Sie. Genauer genommen die Pension Felsenhäusl und deren kleines, aber feines Museum mit Funden aus der letzten Eiszeit.

Wirklich außergewöhnlich ist der Ausstellungsraum. Er ist gleichzeitig die Felsrückwand der Gebäude und eine der Fundstellen der ur- und frühgeschichtlichen Gegenstände. Dort entdeckte Museumsdirektor Hermann Schäffer Knochen eiszeitlicher Tiere in Felsüberhängen und kleinen Höhlen. Es sind Steinwerkzeuge aus Jurahornstein, Kreidequarzit und Donaugeröllen. Sie stammen vom eiszeitlichen Menschen, dem Neandertaler, der vor etwa 60.000 Jahren hier lebte, oder aus dem Besitz des vor 25.000 Jahren hier Station machenden Eiszeitjägers. Sie zeugen von einem kleinen Jagdlager, das für einige Zeit vor der Felswand aufgebaut wurde. Zum anderen fand Schäffer auch Knochenreste vom Mammut, Nashorn, Riesenhirsch, Wildpferd und Rentier.

Schäffer zeigt gern, wo genau er die Fundstücke entdeckt hat. Mit etwas Glück geleitet er die Gäste, die im Lauf der Führung längst selbst zu Forschern geworden sind, sogar in seinen Keller. Und verrät den Zugang zu einer weiteren, 10 bis 15 Meter langen Höhle, die er beim Ausbau seines Hauses gefunden hat. Sie endet an einer Felswand. Schäffer aber vermutet, dass sich eine Fortführung im Boden befindet, der aus eingeschwemmtem Material wie Lehm und Sand besteht. Er selbst ist schon in einem Alter, in dem er keine Lust mehr auf schwere Erdarbeiten hat.

Er überlässt daher späteren Generationen die Sensationen, die vielleicht irgendwann in den tiefen Kellerhöhlen des Essinger Felsenhäusls noch gefunden werden.

Adresse Hermann Schäffer, Felsenhäusl 1, 93343 Essing, Tel. 09447/565 | Anfahrt Auf der Staatsstraße 2240 von Riedenburg kommend in Richtung Essing ist das Museum auf der linken Seite. | Öffnungszeiten nach Vereinbarung, Eintritt Erwachsene 1,50 Euro, Kinder 1 Euro | Tipp Die waghalsig erscheinende Konstruktion der Essinger Holzhängebrücke über den Main-Donau-Kanal ist weit über das Altmühltal hinaus bekannt. Sie ist unübersehbar und steht direkt in Essing.

24 Die Steinerne Rinne

Ein Bach will nach oben

In Hülle und Fülle gibt es rund ums Altmühltal geologische Besonderheiten. Zu den charmantesten gehören die »Steinernen Rinnen«. Eine besonders schöne findet sich im Wald bei Rohrbach, südöstlich von Weißenburg. Die »Steinerne Rinne« ist eine Laune der Natur: Es handelt sich um ein extrem mit Kalk angereichertes Bächlein, das als Quelle aus einem Hang tritt, nachdem es sich in unterirdischen Becken gesammelt hat. Wenn das Wasser ins Freie kommt, verbinden sich Sauerstoff und Kalk zu Kalktuff. Der Bachlauf »baut« sich selbst in Jahrzehnten und Jahrhunderten einen immer höheren, gewundenen Damm, auf dessen höchstem Punkt das Wasser in einer natürlichen Rinne plätschert.

Die »Steinerne Rinne« von Rohrbach ist etwa 80 Meter lang, der Damm wird bis zu einen Meter hoch, ehe sich das Gewässer zum ganz normalen Bach wandelt. Das ganze Gelände ist sumpfig, Moos und Farn wuchern, überall plätschert Wasser. Der Besucher kann die Rinne auf einem Bohlenweg trockenen Fußes begleiten. Informationstafeln erklären Details.

Man sollte sich Zeit nehmen für diesen kleinen Ausflug, den man in der Regel wohl von einem Besucherparkplatz samt Kneipp-Wassertretbecken aus antritt. Denn die »Steinerne Rinne« ist Teil einer großartigen Landschaft: Durch eine Art Schlucht zieht sich der Limes-Wanderweg durch den Buchenmischwald hinauf auf die Jurahöhe. Allerorten fließt hier Wasser, sprudelt blaugrün schimmernd durch flache Kalkbecken. Ganz oben liegt dann die Straße mit einem weiteren Besucherparkplatz. Und da kommt eins zum anderen: Genau hier verläuft der römische Limes, Infotafel inklusive.

Die Rohrbacher Rinne ist eine von sechs im Landkreis Weißenburg-Gunzenhausen, der damit bundesweit einen einsamen Spitzenplatz einnimmt. Die längste Rinne befindet sich übrigens bei Heidenheim am Hahnenkamm (150 Meter), eine weitere bei Wolfsbronn (Gemeinde Meinheim).

Adresse 91796 Ettenstatt-Rohrbach | **Anfahrt** auf der B 2 beziehungsweise B 13 bis Ellingen, dann über die Staatsstraße 2389 nach Höttingen und Auhof, dort rechts bis Rohrbach, Wegweiser »Steinerne Rinne« bis zum Besucherparkplatz folgen | **Öffnungszeiten** jederzeit zugänglich | **Tipp** Bei Ettenstatt liegt der sogenannte »Märzenbecherwald«. Ende März, Anfang April blühen am Albrandhang zwischen Ettenstatt und Kaltenbuch (ausgeschildert) zwischen Laubbäumen Tausende von weiß blühenden Märzenbechern – ein botanisches Schauspiel der Extraklasse.

25 Der Karner

2.500 Gebeine und eine verdorrte Hand

Es soll Menschen geben, die gern auf Friedhöfe gehen. Der kunstvollen Grabsteine wegen, um die ewige Ruhe zu genießen oder – wie Zyniker mitunter anmerken – einen Blick in die eigene Zukunft zu werfen. Auf dem Gredinger Friedhof allerdings ist ein bisschen mehr zu sehen als anderenorts. Dabei ist schon der Aufstieg zur alten Wehrkirche steil und anstrengend. Doch erst jetzt wird es gruselig. Links des Weges ist ein kleiner, unscheinbarer Bau, ein paar Stufen führen nach unten: der Gredinger Karner. Quietschend öffnet sich die Tür, und wenn sich die Augen an die Dunkelheit gewöhnt haben, blicken dem Besucher blanke Schädel entgegen. 2.500 Stück sind es, sauber geschichtet. Auch die restlichen Gebeine sind ordentlich sortiert. Oberschenkel- und sonstige Knochen weiter hinten, vorn die Köpfe.

Der Anblick ist gewöhnungsbedürftig, der Grund für den Bau des Knochenhauses sehr pragmatisch. Im 14. Jahrhundert war der Friedhof der Michaelskapelle ganz einfach voll. Um einerseits Platz zu schaffen, andererseits den Hinterbliebenen weiterhin die Möglichkeit zu geben, ihrer Verstorbenen zu gedenken, wurden die Gebeine ausgegraben und im Karner gestapelt. Es waren halt andere Zeiten als heute, und zarte Gemüter hatten es schwer. Darauf deutet schon die alte Schrift hin, die an dem schmiedeeisernen Gitter hängt: »Das, was ihr jetzt seid, das waren wir. Was wir jetzt sind, werdet ihr.«

Wer nun noch immer meint, dass das Karnerhaus nicht besonders gruselig sei, dem sei die Geschichte der verdorrten Hand ans Herz gelegt. Sie lag ebenfalls im Karnerhaus, Jahrhunderte vielleicht, keiner weiß es genau. Doch plötzlich war sie verschwunden, in den Kriegswirren nach dem Ende des Zweiten Weltkrieges hat sie irgendjemand gestohlen. Was längst nicht so schauerlich ist wie die Vorstellung, die Hand zu Hause in der Schublade zu haben – oder gar, deren Herkunft dem künftigen Ehepartner zu erklären.

Adresse Michaelskapelle mit Karner, Kirchberggasse 4, 91171 Greding | Anfahrt auf der A 9 die Ausfahrt Greding nehmen, dann auf der Staatsstraße 2336 in die Ortsmitte Gredings fahren, von hier aus in Richtung Norden liegt die Kirche im linken oberen Ortsteil | Öffnungszeiten 8–20 Uhr, Okt.–März nur von 8–17 Uhr | Tipp Schöner Spazierweg, der vom oberen Parkplatz der Kapelle in Richtung Norden links abzweigt. Greding besitzt außerdem eine nahezu vollständig vorhandene, kreisrunde Stadtmauer, teils gesäumt von Parkanlagen.

26 Das Fort Prinz Karl

Kampfgas und versteckte Bomben

Natürlich könnte man im ersten Moment meinen, das Fort Prinz Karl wäre ein Festungsbau wie jeder andere. Doch es wäre ein Fehler, den Komplex gar nicht erst anzuschauen, außerdem hat er eine spannende Geschichte. Denn das für eine Besatzung von 600 Mann gedachte, imposante Fort Prinz Karl ist als einziges dieser Bauart noch original erhalten. Die 1872 entstandene Anlage war schon aufgrund ihrer fünfeckigen Form darauf ausgerichtet, die Umgebung mit Geschützen zu kontrollieren.

Dass das Fort noch heute steht, ist ein glücklicher Zufall. Als die Amerikaner 1945 in Ingolstadt einmarschierten, war ein gewisser Übereifer nicht zu übersehen. So wurden möglichst viele Militärbauwerke, selbst die längst veralteten aus napoleonischer Zeit, recht zügig gesprengt. Verschont blieb Fort Prinz Karl. Der Grund: Im Fort lagerte Munition in solchen Mengen, dass im Rahmen einer Sprengung wohl auch der anliegende Ort Katharinenberg in die Luft geflogen wäre. Dieses Risiko wollten die Amerikaner dann doch nicht eingehen.

Sprengstoff spielte aber auch bei einer anderen Geschichte um das Fort Prinz Karl eine Rolle. Die heute nicht mehr existierende Firma Röhll entsorgte in den 1990er Jahren im Auftrag der bayerischen Staatsregierung in dem Fort Sprengstoffe und Giftgas. Aus Kostengründen verzichtete man darauf, die Arbeiter mit Schutzbekleidung oder gar Gasmasken auszustatten. Erst als ein Arbeiter Lungenschäden davontrug und den damaligen Landtagsabgeordneten Franz Götz informierte, kam der Skandal heraus. Noch gravierender aber: Um den Auftrag der bayerischen Staatsregierung zur Bombenentsorgung nicht zu verlieren, legten die Mitarbeiter der Firma in den Wäldern rund um Ingolstadt, Regensburg und Passau Bombendepots an, um stets genügend Entsorgungsmaterial vorrätig zu haben. Selbst die »New York Times« hielt das damals für eine »Bombenidee«.

Adresse 85098 Katharinenberg | Anfahrt von der A 9 kommend auf der Bundesstraße 16a bis zu einem Kreisel folgen, die Ausfahrt nach Katharinenberg nehmen, rechts in die Staatsstraße 2335 abbiegen und dann nach gut 800 Metern auf einem nicht ausgeschilderten Sträßchen links in Richtung Fort Prinz Karl abbiegen, von hier aus noch gut fünf Minuten | Öffnungszeiten mit Ausnahme von seltenen Führungen nur von außen zu besichtigen | Tipp In der Bergkirche St. Katharina ist vor allem der steinerne Opferstock mit seinem herausgemeißelten Rosenkranz aus dem Jahr 1642 einen Besuch wert.

27_Die Kettenkirche

Romanisches Gotteshaus im Urzustand

Damit kann man nun wirklich nicht rechnen: Mitten in dem unscheinbaren Dörfchen Tholbath, einem nur 70 Einwohner zählenden Ortsteil von Großmehring, steht eine kleine romanische Kirche der Extraklasse. Viele, die mit dem Auto zufällig vorbeikommen, bleiben staunend stehen, wähnen sich möglicherweise irgendwo in Frankreich. Eine romanische Kirche im Urzustand, seit ungefähr 1190 unverändert, muss man lange suchen. Allerdings machen die Leute von Tholbath kein großes Tamtam um das Bauwerk. Geöffnet ist die Nebenkirche der katholischen Pfarrei Theißing nur sporadisch zu Gottesdienstzeiten. Wer zu anderen Zeiten rein will, muss ein paar Häuser weiter bei der Mesnerin klingeln. Das lohnt sich aber allemal – denn an der Innenseite der Kirchenrückwand ist der Grabstein eines römischen Legionärs mit Stab und Tunika eingemauert. An den Wänden hängen etliche Votivtafeln, auf denen Gläubige dem heiligen Leonhard für diverse Hilfe danken, so auch der Großmehringer Zieglerknabe, der anno 1838 mit seinem Fuhrwerk samt zwei Pferden »in eine Grube von 18 Schuh tief ohne große Beschädigung« gestürzt war. An den heiligen Leonhard, den bei den Bauern populären Viehpatron (und Fürsprecher der Gefangenen) erinnert auch eine eiserne Kette, die in weitem Bogen dekorativ rings um die Außenfassade gespannt ist. Solche »Kettenkirchen« sind sehr selten. In Bayern, Österreich und Südtirol gibt es nur ein gutes Dutzend davon.

Die kleine Kirche wurde zwischen 1188 und 1196 geweiht, ursprünglich war sie wohl die Kapelle einer danebenstehenden Burg, die Steinmetze kamen wahrscheinlich aus Regensburg. Die aus sorgfältig bearbeiteten Steinquadern errichtete Kirche hat im Osten eine halbrunde Apsis, die mit Menschen- und Tierköpfen geschmückt ist. Über der Kirchentür findet sich ein segnender Christus. Einzig der Zwiebelturm passt nicht in die Zeit: Er entstand erst im Jahr 1907.

Adresse Kirche St. Leonhard, Bahnhofstraße, 85098 Großmehring-Tholbath | **Anfahrt** A 9 Ausfahrt Lenting, nach Kösching, EI 34 nach Kasing, dort rechts Richtung Theißing bis Tholbath | **Öffnungszeiten** nur bei seltenen Gottesdiensten, ansonsten Schlüssel bei Mesnerfamilie Prüller, Brunnenweg 1 | **Tipp** Gar nicht weit entfernt, im Dörfchen Weißendorf (Gemeinde Oberdolling), findet sich eine weitere beeindruckende romanische Kirche: St. Margareta.

28 Das Bauernhof-Museum

Wo Anna-Maria Albrecht ihre Aussteuer aufbewahrte

»Wenn Weiber sterb'n, ist's kein Verderben. Aber wenn die Ross verreck'n, das sind Schrecken.« Es ist eine Bauern-»Weisheit«, die eine ganze Menge verrät über die gefühlsmäßig harte Zeit um die Wende zum 19. Jahrhundert. Über eine Zeit, in der ein Pferd so wertvoll war, dass es kaum ersetzt werden konnte – und fünf Bewerberinnen Schlange standen, wenn der Bauer wieder zu haben war.

Lebendig werden solche Geschichten im Bauernhof-Freilichtmuseum in Hofstetten. Die Besonderheit: Es ist kein Dorf, sondern nur ein einziger Hof, der weitgehend originalgetreu aus dem Jahr 1551 erhalten ist. Das liegt vor allem daran, dass die letzten Bewohner so wenig fortschrittsliebend waren, dass selbst 1984, als die letzte Eigentümerin starb, noch immer kein Bad im Haus war.

Einer der interessantesten Räume ist die Schlafkammer der Großeltern. Ein farbenfroh bemaltes Himmelbett und ein in den gleichen Farben gestalteter Aussteuerschrank mussten als Illusion genügen, dass bessere Zeiten noch kommen würden. Denn ohne ein bisschen etwas mitzubringen, konnte die potenzielle Bäuerin noch so attraktiv sein – sie hatte keine Chance. »Im Aussteuerschrank war vor allem Bettwäsche und die meist dunkelblauen oder schwarzen Seidenkleider, die eine Bäuerin nach der Hochzeit trug«, sagt Museumsführerin Zenta Schermer.

Akkurat und wie nach einem Muster, teils in Spiralen, hat sie die Wäsche im Schrank geschichtet – wie einst halt. »Denn der Aussteuerschrank wurde bei der Hochzeit hergezeigt, und die Leute wollten wissen, ob die Braut auch eine gewisse Mitgift vorzuweisen hatte«, weiß Schermer.

Anderes war unwichtiger, wie die Aufschriften auf Bett und Aussteuerschrank belegen. Die Jahreszahl 1854 auf dem Bett verrät das Hochzeitsjahr, auf dem Schrank dagegen hatte sich der Maler geirrt: 1845. Egal, es kam halt auf den Inhalt an – und daher wurde die Inschrift auch nie geändert.

Adresse Jura-Bauernhof-Museum, Schloßstraße 19, 85122 Hofstetten, www.jura-bauernhof-museum.de | **ÖPNV** Linie 85 ab Ingolstadt, Linie 88 ab Eichstätt | **Anfahrt** von der B13 kommend auf die Staatsstraße 2336 abbiegen, in Hofstetten in der Ortsmitte links in die Schloßstraße | **Öffnungszeiten** Mitte April–Mitte Okt. Sa, So, Feiertage 14–17 Uhr, Di–Fr 14–16 Uhr, Eintritt: Erwachsene 2 Euro, Kinder 6–15 Jahre 1 Euro | **Tipp** Gleich schräg gegenüber steht das aufwendig renovierte Schloss Hofstetten. Eine Besichtigung von außen ist möglich, Schlossherr auf Zeit kann werden, wer die Ferienwohnungen mietet – oder im Schloss heiratet. www.schloss-hofstetten.de.

29_Das alte Spital

Ein multimediales Guckloch aus alten Zeiten

Mit Geheimtipps sind wir vorsichtig. Kein Mensch will schließlich, dass Menschenmassen den Ort bevölkern, an dem vor Kurzem noch Ruhe herrschte. In diesen beiden Fällen allerdings haben wir keine Bedenken. Der eine ganz spezielle Ort ist ein schmaler Ruheraum für Augen und Sinne, der andere hat ohnehin nur geöffnet, wenn die Polen da sind.

Das Technische Rathaus ist ein Nachkriegs-Zweckbau, der ein imposantes Treppenhaus für 70er-Jahre-Retro-Fans beinhaltet und ansonsten schmucklos ist. Nun muss man aber wissen, dass vor dem Krieg das städtische Spital an der Stelle des Technischen Rathauses stand. Es diente als Alten- und Pflegeheim.

Die Erbauer hatten sich etwas sehr Schönes ausgedacht. In Zeiten, in denen es weder das Wort Livestream, geschweige denn flächendeckendes Fernsehen gab, wollten sie den Bewohnern, die nicht mehr gut zu Fuß waren, dennoch den Besuch des Gottesdienstes ermöglichen. Sie bauten ein kleines Fensterchen hoch über dem Kirchraum im zweiten Stock ein. Das gestattete den Kranken, die Messe zumindest von hoch oben zu verfolgen. Multimedial sogar, da sich das Fenster öffnen ließ. Heute ist das Fensterchen im Technischen Rathaus vor allem ein Kuriosum – manchmal vielleicht aber auch eine große Hilfe: Wenn die Beamten des Bauamtes mit einem Blick auf den Altar wie einst Don Camillo um göttliche Ratschläge bitten.

Spannend ist in der Kirche der Seitenaltar rechts vom Hauptaltar. Was wie eine Marmorplatte scheint, ist eigentlich kunstvoll bemaltes Holz. Nur wer näher kommt, erkennt die versteckten Bilder. Eine Breze, das Kreuztor – mehr wird hier nicht verraten. Ist schließlich ein Geheimtipp. Einziges Problem: Die Kirche ist aus Furcht vor Vandalismus eigentlich immer geschlossen. Es sei denn, die Polen sind da. Gleich mehrfach wöchentlich feiert die polnische Gemeinde Ingolstadts abends in der Spitalkirche ihre Gottesdienste.

Adresse Spitalstraße 3, 85049 Ingolstadt | **ÖPNV** Bus, Haltestelle Rathausplatz | **Öffnungszeiten** während der Gottesdienste der polnischen Gemeinde, Technisches Rathaus 8–17.30 Uhr | **Tipp** Direkt im Innenhof des Technischen Rathauses (Hinterausgang wählen oder über die Josef-Ponschab-Straße) ist ein städtisches Kleinod zu finden: ein kleiner, stiller sattgrüner Garten, in dem der Carrara-Brunnen plätschert.

30 Das Arbeitsamt

Streicheleinheiten für die größte Nase der Stadt

Was für eine gewaltige Nase! Wohlgeformt, in Stein gehauen ist sie und in etwa so groß wie der Kopf eines Menschen. Außerdem schön blank poliert von den vielen Händen, die täglich über sie drüberstreicheln – und große Hoffnungen damit verbinden.

Ausgerechnet im Arbeitsamt steht die gut zwei Tonnen schwere Büste des Carl Wilhelm Freiherr von Heydeck. Er war Maler und General in einer Person und besuchte sowohl die Kunstschule in Zürich als auch die Kriegsschule in München. König Ludwig I. von Bayern schätzte des Freiherrn Verdienste so hoch ein, dass er einen Münchner Bildhauer beauftragte, ihm zu Ehren die steinerne Büste zu schaffen, die bald ein Jahrhundert lang über der Durchfahrt des nach Heydeck benannten Festungsbaus im Freien thronte.

Nach der Renovierung des Kavaliers zog 1986 das Arbeitsamt in die einstige Festung ein – und Heydeck wurde ins dunkle Innere verbannt. Die Mitarbeiter des Arbeitsamtes waren sofort fasziniert von der optischen Dominanz des Freiherrn, und schon bald entstand die Legende, dass es Glück bringe, die Nase Heydecks zu streicheln.

Fortan ging keiner der Beamten mehr vorbei, ohne lächelnd des Freiherrn Nase zu berühren. Der Zauber wirkte, denn das glücklichste Arbeitsamt der Welt entstand. Nicht nur im übertragenen, sondern auch im eigentlichen Sinne. Denn die Arbeitslosenquote sank und sank. Immer tiefer, bis sie, Eichstätt mitgezählt, die niedrigste Deutschlands war.

So richtig begann der Kult aber, als eine Arbeitssuchende, die über die Nase strich, sofort eine neue Tätigkeit fand. Kein Wunder, dass kaum ein Arbeitssuchender in Ingolstadt seither die Büros der Stellenvermittler betritt, ohne zuvor im ersten Stock an Heydecks Nase gerieben zu haben. Sogar die »New York Times« berichtete über diesen Brauch – gut möglich, dass der Freiherr ob dieser Ehre sogar die täglichen Grapscher akzeptiert hätte.

Adresse Heydeckplatz 1, 85049 Ingolstadt | ÖPNV Bus 18, 20, Haltestelle Technische Hochschule | Öffnungszeiten werktags ab 7.30 Uhr | Tipp Die Technische Hochschule und ihre Bibliothek sind einen Besuch wert. Direkt an der Bushaltestelle aussteigen und in dem modernen Bau studentischen internationalen Flair genießen.

31_Der Audi-Geburtsort

Unscheinbarer Beginn großer Firmengeschichte

Im ersten Moment gibt es keinen Grund, der Schrannenstraße im Zentrum Ingolstadts etwas mehr Beachtung zu schenken. Kaum jemand bleibt an dem unscheinbaren Bronzeschild stehen, das an eine Hauswand auf der Nordseite der Straße angeschraubt ist. Dabei ist das Gebäude ganz entscheidend gewesen für Ingolstadt. Es markiert den Wandel von der Garnisons- zur Industriestadt. Die Auto Union wurde hier neu gegründet, exakt in diesem Haus begann die Geschichte von Audi in Ingolstadt.

Vorangegangen war 1948 die Löschung der Auto Union AG im Handelsregister Chemnitz. Folglich existierte das Unternehmen nicht mehr und konnte in Ingolstadt einen Neubeginn wagen. Deshalb auch die Inschrift der Tafel: »In diesem Haus, Schrannenstraße 3, folgte am 3. September 1949 die Gründung der Auto Union GmbH Ingolstadt.«

Unterstützt wurde der Wiederaufbau durch viele Arbeiter aus den ehemaligen Werken in Zwickau, Zschopau und Chemnitz. Insbesondere die ehemaligen Vorstandsvorsitzenden der alten Chemnitzer Auto Union, Richard Bruhn und sein Stellvertreter Carl Hahn, trieben die Planungen voran. Die Fahrzeuge der »neuen« Auto Union wurden unter der Marke DKW in Ingolstadt produziert. Den ersten Pkw der Marke Audi brachte das Werk allerdings erst 1965 auf den Markt. Er hieß einfach Audi, ohne jeden weiteren Beinamen. Unvergessen sind Historikern die späteren Audi 60 oder der Audi Super 90. Ein Kuriosum am Rande: Von Mai 1965 bis Juli 1969 rollte auch der VW Käfer vom Band.

Heute sind in dem unscheinbaren Gebäude in der Schrannenstraße Abteilungen des Amtsgerichts untergebracht. Zwangsvollstreckungen, Insolvenzen – es mag so gar nicht passen. Draußen, im Norden Ingolstadts, ist Audi dagegen unübersehbar. Bescheiden und unscheinbar war lediglich der Beginn einer der ganz großen Firmengeschichten Deutschlands.

Adresse Schrannenstraße 3, 85049 Ingolstadt | **ÖPNV** vom Zentralen Omnibus-Bahnhof die erste Haltestelle südlich in der Harderstraße | **Anfahrt** bei der Franziskanerkirche in die Schrannenstraße einbiegen, dann 50 Meter auf der linken Straßenseite | **Tipp** Das Liebfrauenmünster ist die größte und bekannteste Kirche der Stadt. Bei Föhn ist von den Türmen sogar ein Blick auf die Alpen möglich.

32 Der Audi-Kreisel

Tanz ums Goldene Kalb

Müssen Sie ins Klinikum Ingolstadt oder fahren Sie ins benachbarte Altmühltal – Sie werden um das Goldene Kalb der Stadt tanzen. Gut, der Tanz ist im übertragenen Sinne zu verstehen – es dürfte dann doch eher Ihr Auto sein. Womit wir beim Thema wären: Man kann es drehen, wie man will, in Ingolstadt dreht sich alles um Audi. Der Autohersteller ist nicht nur das wirtschaftliche Aushängeschild der Stadt, sondern auch der größte Arbeitgeber und für den finanziellen Wohlstand ihrer Bewohner ausschlaggebend. »Wenn Audi sich räuspert, hustet die ganze Stadt«, lautet ein altes Sprichwort. Es hat bis heute nichts von seinem Wahrheitsgehalt eingebüßt.

Es war daher keine große Diskussion, dass der größte Kreisel der Stadt, der das Verkehrschaos im Westen zumindest so einigermaßen am Fließen hält, Audi-Kreisel heißen sollte. Ein klein wenig murrten vereinzelte Ingolstädter 2009 aber schon, als der Automobilhersteller anlässlich seines 100-jährigen Firmenjubiläums der Stadt ein durchaus opulentes Geschenk machte: die Audi-Statue. Nicht senkrecht, versteht sich, sondern waagerecht und in Form eines silberfarbenen Audi TT. Der Wert? Unbezahlbar, da ein Einzelstück. Die Größe? Gigantisch. 10,2 Meter ist das Kunstwerk lang, 4,5 Meter breit, 3,25 Meter hoch und zehn Tonnen schwer. Die Skulptur hat bereits eine Weltreise hinter sich, stand am Brandenburger Tor in Berlin, in Peking, in der Allianz-Arena in München sowie in Hongkong. Jetzt hat sie inmitten des Audi-Kreisels ihren endgültigen Standort gefunden.

Vor Jahren haben bis heute unbekannte Künstler tatsächlich gewagt zu scherzen und ein Goldenes Kalb aus Pappmaschee in den Audi-Kreisel gestellt. Es hat nur einen knappen Tag heil überstanden. Zerschlagen und in Stücke gerissen, wahrscheinlich von Menschen, die die Symbolik nicht verstanden. In Ingolstadt ist das Goldene Kalb kein falscher Götze. Schließlich ernährt es die ganze Stadt.

Adresse Kreuzung Richard-Wagner-, Neuburger und Friedrichshofener Straße, 85049 Ingolstadt | ÖPNV ab ZOB Busse 15, 16, Haltestelle Am Westpark 1 | Tipp Der riesige, unübersehbare Gebäudekomplex Westpark mit seinem Multiplexkino ist das Einkaufszentrum schlechthin.

33 Der Baggersee

Klein-Odessa am Baggersee

Wer als Freizeitsportler an einem schönen Wochenende zu spät an den Ingolstädter Baggersee kommt, den bestraft nicht etwa das Leben, sondern dieser unvergleichliche Geruch. Spätestens gegen elf Uhr vormittags steigt der Rauch der Grillfeuer auf, kleine Flammen züngeln durch die Kohlen der mitgebrachten Klappgrills, fein gewürztes Gehacktes liegt bereit und vor allem jede Menge richtig große Fleischbrocken. Die Familie ist auch schon da. Alle bestens gelaunt und bevorzugt auf Russisch oder Türkisch parlierend.

Der Baggersee ist das Freizeitparadies schlechthin für die Multi-Kulti-Stadt Ingolstadt. Wer keinen eigenen Garten besitzt, verbringt seine Zeit gern hier. Eine Gaststätte lädt zum Sundowner auf der leicht erhöhten Terrasse, die auch den letzten Sonnenstrahl des Tages noch einfängt, ein Minigolfplatz zu leichter sportlicher Ertüchtigung, und wenn es doch etwas intensiver sein soll, lässt der Tennisverein auch Fremde auf seine Plätze. Sonntags nach dem Schweinebraten spaziert die Familie um den See – immer rechtsherum, klar. Wer linksrum geht, muss ständig jemanden grüßen – es kann sich daher nur um einen Lokalpolitiker handeln.

Nur samstags, gegen Mittag wird es ein wenig voller. Nun taucht auch die rein deutschsprachige Bevölkerung der Stadt auf, und zwei Welten treffen aufeinander. Ein, zwei Stündchen Baden nach dem Einkaufen gönnen sich viele Alteingesessene, und dann geht es wieder nach Hause. Auto waschen, den Rasen mähen oder am Haus herumwerkeln – ein bisschen entspannen bis zur Sportschau.

Am Baggersee wird inzwischen das letzte Stück Grillfleisch aufgelegt, es ist Zeit zum Abendessen. Wer sich traut und das Familienoberhaupt anspricht, wird gern auf ein Gläschen Wodka eingeladen. Russen sind gastfreundlich. Niemals jedenfalls würden sie darüber diskutieren, welches Freizeitkonzept für das Wochenende wohl das bessere ist.

Adresse Mitterschüttweg 2, 85049 Ingolstadt | **ÖPNV** Bus 50, Haltestelle Naherholungsgebiet Baggersee | **Öffnungszeiten** rund um die Uhr | **Tipp** Der Wildpark am Baggersee lockt mit Rotwild und einer Herde echter Bisons. Entweder vom Hauptparkplatz gut 20 Minuten rechts um den See laufen und der Beschilderung folgen oder an der Hauptzufahrtsstraße zum See im Auwald rechts abbiegen (beschildert).

34_Die Blaue Lagune

Tante-Emma-Laden und Kultkneipe am Auwaldsee

Ach, diese Bilder im Kopf. Wer mag schon an anderes denken als an die Südsee, an den Film mit Brooke Shields oder an Christopher Atkins und ein Leben unter Palmen, wenn er die Worte »Blaue Lagune« hört? Die Antwort: Ein paar eingeweihte Ingolstädter, Generationen von Holländern – und vor allem Camper. Die »Blaue Lagune« von Ingolstadt ist einerseits Synonym für den romantisch von sattem Grün umrahmten Auwaldsee, andererseits für die Kneipe mit Kultcharakter direkt am Ufer. Wer den einst recht verkommenen, heute aber ganz individuell neu gestalteten Kiosk mit Snackbar, Campingladen und Kneipe ansteuert, muss zu Fuß gehen. Entweder über den Waldcampingplatz oder verbunden mit einem Spaziergang um den See.

Der See selbst ist eigentlich nur zufällig entstanden. Für den Bau der nahe gelegenen Autobahn war Kies notwendig, und da der im Ingolstädter Untergrund nur ein paar Meter unter der Erde im Überfluss liegt, gruben die Bagger ein Loch. Das wurde zwar nicht tief, aber immer breiter – der Auwaldsee war geboren.

Romantik kann auch rustikal sein. Romantik kann auf groben Bierzeltgarnituren aufblühen, in einem Tante-Emma-Laden wie aus den 50ern, beim Blick auf die auf den Beton gemalten, springenden Delphine und in einem, na ja, etwas provisorisch wirkenden Gastraum.

Ganz abgesehen davon ist der Blick auf den See zwar schön, aber nie spektakulär. Es ist einfach eine ganz besondere Ruhe zu spüren, und das ist in hektischen Zeiten manchmal viel mehr wert. Wer hier sitzt, stürzt kein schnelles Weißbier hinunter, er genießt es in aller Gelassenheit. Genau solch einen Ort wollten die Betreiber, die selbst in einem Wohnwagen auf dem Campingplatz leben, entstehen lassen. Einen Ort ohne Hektik, ohne Stress, eine kleine Oase im turbulenten Ingolstadt, in dem Platz ist für die echte bayerische Gemütlichkeit. Keine Frage, dass die beiden aus Sachsen-Anhalt kommen.

Adresse am Nordufer des Auwaldsees, 85053 Ingolstadt | **ÖPNV** Bus 51, 52, Haltestelle Am Auwaldsee | **Öffnungszeiten** ab 7 Uhr, bis der Letzte geht | **Tipp** Von der Blauen Lagune aus kann man rund um den See spazieren und immer wieder den kleinen Wegen folgen, die links abgehen. Hier findet man ungezähmte Natur und Teile des Auwaldes, der einst die Überflutungen der Donau aufnahm.

35 Das Farntal

Sommerfrische inmitten der Stadt

Dieses Kleinod der Stadt ist so nett und winzig, dass man es leicht übersehen könnte. Das Farntal liegt inmitten der Parkanlagen des Luitpoldparks, ist eine schmale Senke mit Geschichte und dennoch völlig unscheinbar. Nur Kenner treffen sich hier. An heißen Sommertagen sind es meist Senioren, die genau wissen, dass das Farntal einer der kühlsten Plätze der ganzen Stadt ist.

Viel mehr weiß kaum jemand in Ingolstadt über diesen Ort. Manche wundern sich über die großen steinernen Buchstaben, die wie zufällig verstreut am Hang liegen und das Wort Gumppenberg ergeben. Des Rätsels Lösung: Bis nach dem Zweiten Weltkrieg standen hier beeindruckende Bauwerke. Die Fronte Gumppenberg und der bestens erhaltene, sogenannte Rote Turm. Mächtige Festungsbauten, die aus militärtechnischer Sicht längst überholt waren und dennoch von den Amerikanern gesprengt wurden. Das Farntal war ein Teil der Wallanlage, ein Einschnitt im Wall, viel mehr kann heute nicht mehr rekonstruiert werden.

Ins Bewusstsein rückte das kleine Tal den Ingolstädtern erst wieder beim Bau der dritten Donaubrücke im Jahr 1999. Der Luitpoldpark wurde durchschnitten, und das gefiel den Einheimischen gar nicht. Als eine von etlichen Ausgleichsmaßnahmen wurde das Farntal rekultiviert. Es war völlig zugewuchert und als Tal nicht mehr wahrzunehmen oder zu erkennen.

Heute plätschert der kleine Trinkbrunnen wieder, und wenn der Sommer feucht genug ist, wuchern die Farne ganz enorm. Ein stiller Ort, an dem freilich das Rauschen des nahen Verkehrs die Schneise, die die Brücke durch den Park geschlagen hat, bewusst macht. Die Bewohner des charmanten Tälchens stört das allerdings nicht im Geringsten: Streifenhörnchen, die teils ganz nahe kommen und ansonsten miteinander in den Blättern und den hohen Bäumen herumtollen. Keine Frage, dass daher so mancher Senior seine verzückte Enkelin mitbringt.

Adresse Luitpoldpark, 85051 Ingolstadt, von der Grünbrücke des Parks in Richtung Süden, nach ein paar Metern an dem kleinen Gitter links nach unten | **ÖPNV** alle Busse in Richtung Hauptbahnhof, Haltestelle Brückenkopf, dann zu Fuß in Richtung Süden | **Öffnungszeiten** rund um die Uhr | **Tipp** Ein sehr sehenswerter Biotop-Erlebnispfad, der durch den Park führt, hat einen seiner Startpunkte rechts am Beginn des kleinen Tals.

36 Frankenstein

Wo das Monster erschaffen wurde

Der Mann ist ungewöhnlich groß und bärenstark. Vor allem aber der kantige Kopf mit den leicht traurigen Augen und die beiden Schrauben, die rechts und links aus seinem Hals herausstehen, machten ihn unverwechselbar. Frankensteins Monster – sofort entsteht das Bild von Boris Karloff im Kopf, des britischen Filmschauspielers, der ohne Maske ein ganz adrettes Bürschchen war. Ingolstadt hat er nie gesehen, und auch die Schöpferin des Frankenstein-Romans, Mary Shelley, wählte das damals so beschauliche Städtchen nur deshalb, weil hier in der Hohen Schule die erste Bayerische Landesuniversität untergebracht war.

Oder war es vielleicht doch, weil gleich in der Nähe der Hohen Schule das universitätseigene Experimentiergebäude der Naturwissenschaftler und Ärzte, die »Neue Anatomie«, stand? Es ist ein wenig gruselig, heute durch die Räume des Medizinhistorischen Museums zu gehen und sich vorzustellen, wie und vor allem womit hier tatsächlich einst experimentiert wurde. Es sind diese Gedankenspiele, die einer Verbindung zwischen Frankenstein und Ingolstadt tatsächlich ein wenig Leben einhauchen.

Wobei das »Monster«, wenn es je existiert hätte, längst verblichen wäre, während sein Schöpfer noch immer aktiv ist. Nach Anbruch der Dunkelheit, wenn die Friedhöfe menschenleer und die Tore verschlossen sind, trifft man ihn vor allem im Sommer noch immer im Hinterhof der Hohen Schule an. Mit einem großen schwarzen Schlapphut und einem Gehilfen, der mit seiner Laterne den Weg weist.

Doch keine Furcht. So ganz ernst muss man Dr. Frankenstein nicht nehmen, wenn er regelmäßig Fremde durch die Stadt führt. Mal auf seinen eigenen Spuren, dann wieder auf denen seines Geschöpfes. Wie schon in der Geschichte Frankensteins liegt alles ein wenig im Nebel. Sehr bald verschwimmen die Grenzen zwischen der Realität – und dem, was vielleicht einmal gewesen sein könnte.

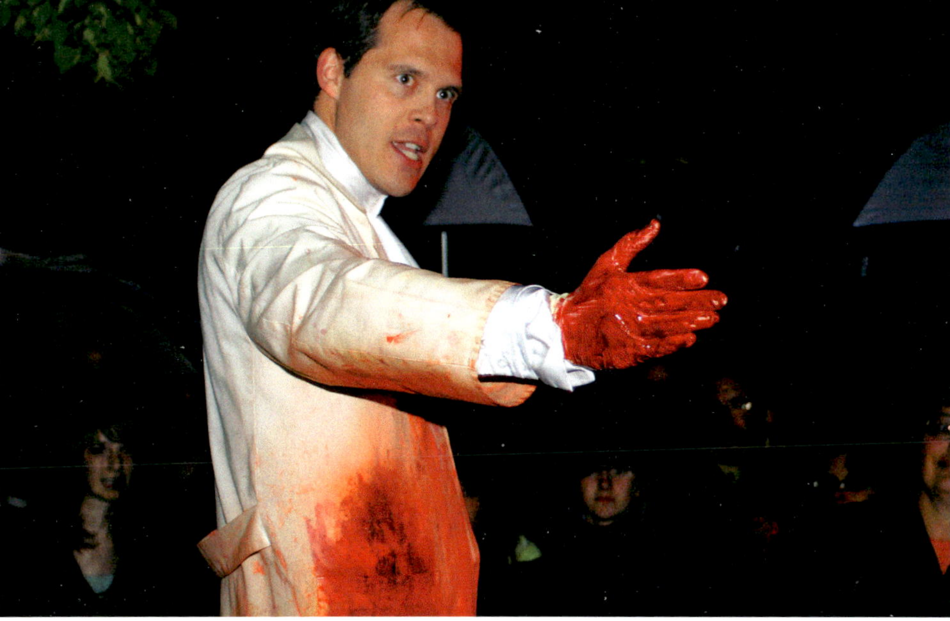

Adresse Beginn der nächtlichen Führung im Hof der Hohen Schule, 85049 Ingolstadt | Öffnungszeiten Termine auf der Homepage www.frankenstein.at, Dauer 100 Minuten, Preis 10 Euro | Tipp Die Ingolstädter Fressmeile – in der charmanten Dollstraße kann man wählen: bayerische, türkische, griechische, spanische, italienische und asiatische Küche.

37 Die Gunvor-Raffinerie

Der letzte verbliebene Erdöl-Mohikaner

Ist gruselig-schön der richtige Ausdruck oder faszinierend-hässlich? Wahrscheinlich stimmt beides, denn hübsch ist die letzte der einst drei Erdölraffinerien Ingolstadts sicher nicht, aber dennoch faszinierend in ihrer absurden Architektur. Vor allem am späten Abend, wenn das letzte Tageslicht auf die beleuchteten Tanks, Schornsteine und Edelstahlleitungen fällt, scheint die Gunvor-Anlage wie das Werk eines irren Künstlers.

Sie ist die letzte von ursprünglich drei Raffinerien. Shell wurde 1982 stillgelegt, Bayernoil 2008, nur Gunvor ist geblieben – und damit der optische Eindruck, den jeder Fremde mit Ingolstadt verbindet.

Dabei liegt Ingolstadt ohnehin auf der anderen Seite der Autobahn. Dort, wo keine Raffinerietürme in den Himmel ragen.

Nun mag es manch einem nicht behagen, dass Ingolstadt neben Burghausen das wichtigste Zentrum der Energieversorgung in Bayern ist. Doch in den 1960er Jahren war man froh, dem agrargeprägten Bayern ein Stück Moderne einpflanzen zu können. Aber auch diese vermeintliche Moderne hat der Stadt negative Schlagzeilen beschert. Man sei ein bisschen träge hier. So als würde der träge Fluss des Öls auch alles andere prägen, meinte beispielsweise Hubert Filser. »Insel der Öligen« hat er einst seinen wunderbar analytischen Artikel in der »Süddeutschen Zeitung« (19. November 2002) betitelt. Kein Stänkerer von auswärts übrigens, sondern ein waschechter Schanzer, der seine Heimatstadt besuchte. Der Text ist teils heute noch gültig. Trotzdem hat sich seither viel getan, die Stadt ist lebendiger und zukunftsorientierter geworden.

Geblieben ist der Geruch, der in manchen Nächten den Norden Ingolstadts durchweht. Begeistert sind die Betroffenen nicht. Dann denkt so mancher, dass bei Gunvor oder bei der Transalpinen Ölleitung, die von Triest nach Ingolstadt führt, Rohöl vom einen in den anderen Behälter umgepumpt wird.

Adresse Essostraße 1, 85092 Kösching | **Pkw** von der A9 die ausgeschilderte Ausfahrt in Richtung Ingolstadt Village nehmen, über die Bundesstraße 16a am Ingolstadt Village vorbei auf der linken Straßenseite | **Öffnungszeiten** Gruppenführungen nur nach Voranmeldung unter Tel. 0841/508-340 | **Tipp** Wer ein einstiges Dorf im Wandel zum quirligen und doch autarken Vorort sehen will, ist in Kösching richtig. Die Hauptstraße lädt zum kurzen Bummeln ein, und die Lokale sind allesamt einen Besuch wert.

38_Die GVZ-Hallen

Das Lymphsystem der Autoindustrie

Gut möglich, dass Ortsunkundige im ersten Moment erschrecken, wenn sie Ingolstadt verlassen und in Richtung Gaimersheim fahren. Gewaltige Hallen erheben sich auf der rechten Seite, die erste mit ihrem leicht nach unten gewölbten Dach erinnert ganz entfernt an einen riesigen chinesischen Tempel. Vor dem Jahr 2013 wurde hier noch Weizen oder Mais geerntet, und ein schmucker Bauernhof stand als Symbol dafür, die Stadt nun hinter sich zu lassen.

Doch kurz danach entstanden die neuen Hallen des 1995 begonnenen Güter-Verteil-Zentrums, kurz GVZ. Eine Gemeinschaftsarbeit der Stadt Ingolstadt, Audi und der städtischen Industrie-Förderungs-Gesellschaft, die zu einer Lebensversicherung für die Stadt wurde. Gerade in Zeiten, als in ganz Deutschland das produzierende Gewerbe erwog, ins Ausland abzuwandern, entstand eine spannende Idee: Wie kann man die Voraussetzungen für eine Firma wie Audi vor Ort so gestalten, dass ein Umzug uneffektiv ist. Das GVZ wurde geboren. Teils wird hier von Fremdfirmen für Audi produziert, vor allem aber dienen die gewaltigen Hallen dazu, die Warenströme zu optimieren. In Zeiten, in denen Autos individuell und dennoch am Band entstehen, bedeutet das, dass beispielsweise die gewünschten Ledersitze vom GVZ zum passenden Zeitpunkt in Richtung Audi transportiert werden, sodass sie auf die Sekunde genau zur Montage im Auto bereitstehen. Lagerhaltung gibt es bei Audi daher so gut wie gar nicht mehr.

Wie riesig das GVZ geworden ist, lässt sich am besten vom Hochkreisel aus, der bei der Fahrt nach Gaimersheim auftaucht, beurteilen. Gut 5.000 Arbeiter sind im GVZ beschäftigt, und es werden stetig mehr. Sogar ein Vier-Sterne-Hotel ist in die Hallen eingezogen. Ein bisschen ist das stylishe GVZ inzwischen eine Stadt in der Stadt geworden. Mit eigenen Straßen, einer Tankstelle und daneben – wie selbstverständlich – einer charmant-altmodischen Würstelbude.

Adresse Hans-Stuck-Straße, 85057 Ingolstadt | **ÖPNV** ab ZOB Bus 10, 11, Haltestelle Audi/GVZ | **Öffnungszeiten** Besichtigung (mit Ausnahme des Hotels) nur von außen möglich | **Tipp** Ein perfekter Platz für die Kinder zum Austoben ist der Spielpark Nordwest in der Fortsetzung der Gaimersheimer Straße (von der Stadt kommend geradeaus über die Ampel fahren, dann links). Kids finden hier einen Skateparcours, Rampen, einen Bolzplatz und ein Allwetter-Mehrzweckspielfeld.

39__Der Herzogskasten

Der Frauenerker, der vielleicht eine Kirche war

Wenn sie von ihrem Arbeitsplatz spricht, beginnen ihre Augen zu leuchten. »Als ich zum ersten Mal hier hereinkam«, sagt Heike Marx-Teykal, »habe ich gespürt, dass das ein Schatzkästchen ist.« Dabei wirkt der Ingolstädter Herzogskasten, der heute die städtische Bücherei beherbergt, von außen betrachtet recht grobschlächtig. Ein vierstöckiger Quader, kleine Fenster, aber immerhin schmückt ein Treppengiebel den 1255 errichteten gotischen Profanbau. Doch das Gebäude, das einst die Residenz der Ingolstädter Herzöge war, trägt den Hauch der Geschichte in sich.

Wer die Bücherei betritt, kommt in ein modernes Gebäude. Keines, in dem sich Architekten mit kalter Glas-, Stahl- oder gar Betonarchitektur ausgetobt haben. Der Herzogskasten wurde 1979 generalsaniert – und damals setzte man auf natürliche Materialien. Auf viel Fichtenholz, Sisal und eine Atmosphäre, die zum Wohlfühlen einlädt.

Mit einer Ausnahme. Vor einem Erker im ersten Stock steht ein Stahlskelett, das einem Kirchenschiff ähnelt. Eine Kirche also im alten Herzogssitz? Ganz genau weiß das niemand. »Für den Architekten, der den Bau saniert hat, war der Erker wohl ein Altar. Deshalb hat er das Stahlskelett konstruiert und die umfassenden Mauern von unten nach oben neu eingezogen. Mit dem Gedanken, dass oben die Adeligen ohne den Kontakt zum gemeinen Volk dem Gottesdienst lauschen können«, erklärt Marx-Teykal.

»Für mich ist es eher ein Frauenerker. Ein kleines Räumchen, das von morgens bis abends Tageslicht hatte. In dem die Damen des Hauses saßen, die Bibel lasen oder Hausarbeiten verrichteten.« Wer die Schuhe auszieht, sich ein Buch nimmt und in den Erker hinaufsteigt, weiß, dass beide Varianten denkbar sind. Gut möglich, dass die Büchereileiterin dann streng die Augenbrauen hochzieht – und sich trotzdem freut, dass wieder jemand dieses Kleinod des Hauses für sich entdeckt hat.

Adresse Hallstraße 2–4, 85049 Ingolstadt | ÖPNV kein direkter Bus, direkt in der Altstadt unübersehbar vom Theaterplatz aus | Öffnungszeiten Mo–Fr 10–18 Uhr, Sa 10–15 Uhr | Tipp Der Lesegarten. Eine kleine Grünfläche lädt direkt neben der Bücherei zum Schmökern ein. Mit Bänken, ein paar Spielgeräten für Kinder und dem Blick auf das Stadttheater.

40 Der Illuminaten-Saal

Hoffentlich gut versichert

Vieles kann man der Ingolstädter Fußgängerzone nachsagen, aber dass sie geheimnisvoll sein könnte, darauf kommt so schnell keiner. Schon gar nicht, wenn er am unauffälligen Anwesen Theresienstraße 23 vorbeikommt. Dort residiert die Außenstelle der Versicherungskammer Bayern, die Bürger gegen Brandkatastrophen, Hagel und sonstiges Ungemach abschirmt. Eine Metalltafel an der Außenwand lässt den Passanten allerdings stutzen: Im Rückgebäude dieses Hauses hatte einst der Geheimbund der Illuminaten seinen Versammlungssaal. Da umweht die Versicherungsbüros mit einem Mal das Getöse von Umsturz und Revolution – Vorkommnissen, gegen die es keine Police gibt.

Spätestens seit dem Bestseller »Illuminati« von Dan Brown weiß es die ganze Welt: In Ingolstadt wurde im Jahre 1776 der Orden der »Illuminaten« gegründet, eine Geheimorganisation unter der Führung von Professor Adam Weißhaupt, die sich den Idealen der Aufklärung verschworen hatte und gewillt war, den behäbigen Obrigkeitsstaat zu infiltrieren. Die rasch in ganz Deutschland aktive Organisation aus Aristokraten und gutbürgerlichem Establishment flog allerdings schon 1784 auf. Adam Weißhaupt flüchtete, die zurückgebliebenen Weltverbesserer wurden ganz brav. Und so schrumpfte dieses gesellschaftliche Experiment im Nu zur historischen Fußnote.

In Ingolstadt wusste man mit den Illuminaten seither eher wenig bis gar nichts anzufangen, und das galt auch noch, als diverse Weltverschwörungstheoretiker die Illuminaten neu entdeckten. Immerhin: 2011 organisierte das Stadtmuseum eine Sonderausstellung. Und seit einiger Zeit gibt es eine spezielle Stadtführung, die sich unter anderem Adam Weißhaupt und Konsorten vornimmt, Theresienstraße 23 inklusive. Dort war später übrigens die Synagoge untergebracht, verwüstet in der Reichspogromnacht 1938 – als Deutschland den Idealen der Aufklärung ferner war als je zuvor.

Adresse Theresienstraße 23, 85049 Ingolstadt | ÖPNV Bus 10, 11 ins Stadtzentrum, Haltestelle Rathausplatz, von dort zu Fuß zur Theresienstraße (Fußgängerzone) | Tipp Das Ingolstädter Münster, offiziell Münster »Zur Schönen Unserer Lieben Frau«, liegt am Ende der Theresienstraße. Die spätgotische Hallenkirche wurde 1425 vom Wittelsbacher Herzog Ludwig dem Gebarteten gestiftet und nach 100-jähriger Bauzeit fertiggestellt.

41 Das Ingolstadt Village

Die meistbesuchte Sehenswürdigkeit der Stadt

Neues tut sich überall schwer. Wenn aber die Innenstadt zu veröden droht, wenn Mittelständler aufgeben, dann hat ein Konkurrent es ganz besonders schwer, akzeptiert zu werden. Die Geschäftsinhaber in der Innenstadt leisteten ganze Arbeit, als sie versuchten, das Ingolstadt Village zu verhindern. Ein Outlet-Shoppingcenter vor den Toren der Stadt sollte entstehen, und die Geschäftswelt sagte sich selbst den endgültigen Untergang voraus.

Doch davon ist längst keine Rede mehr. Die Innenstadt steht auch nicht besser oder schlechter da als vor Jahren. Lediglich die lokalen Touristik-Profis schauen noch ein wenig irritiert auf das riesige Shoppingcenter gleich neben der Erdölraffinerie.

Immerhin hat nicht ihre mühevolle Arbeit, sondern ausgerechnet ein Einkaufszentrum in wenigen Jahren den Namen Ingolstadts so weit in die (deutschsprachige) Welt getragen wie bisher allenfalls der hiesige Automobilhersteller Audi. Erzählt der gebürtige »Schanzer« etwa im Urlaub einem Fremden von Ingolstadt, so strahlen meist die Augen der ganzen Familie: »Ja, da ist das Village.« Die meisten sind begeistert von dem Konzept, in einem fußgängerzonenähnlichen Komplex ausschließlich reduzierte, aber hochwertige Kleidung kaufen zu können.

Wie viel Geld, Arbeit und Elan müssten Touristiker aufwenden, um solch einen Sympathiebonus für ihre Stadt zu generieren? Hier dagegen funktioniert alles fast von selbst: In einem dorfähnlichen Gebilde, in dem die Fassaden der über 100 Geschäfte recht aufwendig gestaltet, die Räume mit den Designerbekleidungsmarken dahinter aber reine Zweckarchitektur sind.

Heimlich freuen sich die Tourismusmanager der Region aber doch: Immerhin besuchen gut eineinhalb Millionen Menschen jährlich das Outlet und machen es damit zur meistbesuchten Attraktion Ingolstadts. Und zumindest ein kleiner Teil legt auch noch einen Stopp in der Altstadt oder im Altmühltal ein.

Adresse Ingolstadt Village, Otto-Hahn-Straße 1, 85055 Ingolstadt | **ÖPNV** Bus 20 ab ZOB, Haltestelle Ingolstadt Village | **Öffnungszeiten** Mo–Sa 10–20 Uhr | **Tipp** Man muss ein bisschen fahren, doch das Kelten-Römer-Museum in Manching ist wirklich einen Besuch wert.

42 Der Irrgarten

Wo Ingolstadts Bürger zu sich finden

Dieser kleine Exkurs zur Lust der Ingolstädter, sich zu verirren, ist doppeldeutig. Denn eigentlich gibt es gleich zwei Irrgärten in der Stadt – und die unterscheiden sich ganz fundamental. Denn der erste funktioniert nur so richtig mit dem Auto. Er ist ein irrwitziges Geflecht von Einbahnstraßen. Angelegt in der einst verkehrstechnisch gut zu durchdringenden Altstadt, wecken sie nach einer guten Viertelstunde in jedem Gast Mordgelüste. Ein paarmal rechts oder links ums Eck – und schon steht der Autofahrer wieder an dem gleichen Schild wie vor ein paar Minuten: Einbahnstraße, Einfahrt verboten. Ersonnen wurde das Labyrinth übrigens von einem Auswärtigen mit dem Namen – kein Witz – Professor Schächtele.

Wir wenden uns an dieser Stelle allerdings den schönen Seiten des Lebens zu, spazieren auf die südliche Donauseite und in das ehemalige Landesgartenschaugelände. Zu verdanken haben die Ingolstädter dieses Labyrinth zum einen einer gehörigen Portion Eigeninitiative und zum anderen einer Begegnung mit Züricher Frauen, die es sich zur Aufgabe machten, die Idee des Labyrinths weltweit wiederzuerwecken.

Dieses Labyrinth ist nicht nur dafür angelegt, den Menschen Freude zu bereiten, sondern es hat sogar einen philosophischen Hintergrund. Der Gedanke, den die ehrenamtlichen Erbauer 1992 hatten, war die Suche des Menschen nach Wegen durchs Leben – auf dem Weg sein, Auswege und neues Leben zu entdecken und im Zentrum des Labyrinths den Scheitelpunkt des Weges zu sehen. Bis heute soll das Ingolstädter Labyrinth zum In-sich-Gehen, zur Regeneration und zur Meditation anregen.

Doch ganz egal, mit welcher Intention die Besucher durch das erstaunlich lange und doch eher kleine Labyrinth spazieren, es ist so nahe der Donau und der alten Festungsbauten ein ganz wunderbarer Ort zum Entspannen. Zum Ruhe-Finden nach der Hektik eines langen Tages.

Adresse 85049 Klenzepark Ingolstadt, nahe Donaubühne | **ÖPNV** von der Haltestelle Brückenkopf gut fünf Minuten zu Fuß donauabwärts, direkt östlich des Donausteges | **Öffnungszeiten** rund um die Uhr | **Tipp** Ein paar Meter weiter lockt die Donaubühne mit einem wunderbaren Blick über die Dächer der Altstadt. Besonders reizvoll bei Sonnenuntergang.

43_Der Kleintierzoo

Der Heldentod des Alligators Maxl

Generationen von Schülern haben sich Maxl im Rahmen eines Klassenausflugs schon ansehen müssen, und es hält sich in Ingolstadt hartnäckig das Gerücht, dass der graugrüne Alligator schon seit Jahrzehnten gar nicht mehr unter uns weilt. Lediglich körperlich, aber das ist für einen Zoo, selbst wenn es ein Kleintierzoo ist, natürlich ein bisschen wenig. Das Problem: Der Alligator bewegt sich eher selten. Genau genommen liegt er tagein, tagaus starr herum und ignoriert die lärmenden Besucher. So kam es einer Sensation gleich, als Maxl von einer Schülerreporterin des »Donaukuriers« bei einer Bewegung beobachtet wurde. Dank Bettina Zettel ist nun dokumentiert, wie Maxl sein Maul ganz weit aufreißt. Der Beweis war erbracht: Das Reptil lebt.

Fast drei Meter lang ist der Star des charmanten Kleintierzoos. Seit 1951 ist der Mississippi-Alligator, der für 120 Mark (eine Mark pro Zentimeter) vom Tierpark Hellabrunn gekauft wurde, in Ingolstadt. Für Aufregung sorgte Maxl in jungen Jahren. Er hörte Tag und Nacht das Plätschern des nahen Baches, der direkt in Richtung Innenstadt führt. Irgendwann wagte er den Ausbruch, schlüpfte durch ein Fenster und später noch über die Betonbrüstung. Weit kam er allerdings nicht, denn die Vereinsmitglieder fingen ihn schnell wieder ein.

Eigentlich müsste er ja nicht Maxl, sondern Maxl II heißen. Der Grund ist das Ende des Zweiten Weltkriegs. Als die Amerikaner 1945 in die Stadt einrückten, entdeckten sie Maxl I in seinem Becken. Unbeweglich wie immer starrte er die Männer an, die so gar nicht recht wussten, wie sie mit dem Reptil umgehen sollten. Da sie ob des Sieges ohnehin bestens gelaunt waren, lösten sie das Problem auf eine, na ja, recht amerikanische Art: Sie erschossen ihn.

Nachtrag: Einen Tag vor Druck dieses Buches starb Maxl. Mit 73 Jahren. Doch er wird weiterleben. Als Replik, völlig reglos. Wie bisher halt auch.

Adresse Gerolfinger Straße 100, 85049 Ingolstadt | **ÖPNV** Bus N 1, 50 ab ZOB, Haltestelle Zoo Wasserstern | **Öffnungszeiten** im Sommer Mo–Fr 15–18 Uhr, Sa 13–18 Uhr, So, Feiertage 9.30–18 Uhr, ab 1. Nov. nur Sa, Feiertage bis 17 Uhr | **Tipp** Der ruhige Spazierweg an der Schutter. Beim Verlassen des Zoos einfach rechts halten, in den Aloisiweg und dann nach der kleinen Brücke abbiegen. Egal, ob nach rechts oder links – der Weg entlang des einstigen Stadtbaches Schutter ist sehr romantisch.

44__Der Klinikums-Brunnen

Kranker Marmor vor dem Krankenhaus

Ein ganz besonders sehenswertes Stück Ingolstadt steht vor dem Ingolstädter Klinikum. Ausgerechnet vor einem Krankenhaus? Doch woanders in der Stadt hätte der Brunnen ganz einfach keinen Sinn.

Nun muss man wissen, dass das italienische Städtchen Carrara nicht nur die Partnerstadt Ingolstadts ist, sondern, dass eben dort auch der weltberühmte Carrara-Marmor abgebaut wird, mit dem schon Michelangelo arbeitete. Und schon sind wir bei den Werkstoffen des Brunnens, den der 1993 verstorbene Ingolstädter Zeitungsverleger und Künstler Wilhelm Reißmüller ersonnen hat.

Der Grund, warum dieser Brunnen ausgerechnet vor dem Krankenhaus der Stadt stehen muss, ist nachvollziehbar. Es hängt einerseits mit dem Klinikum als Ort der Krankheiten und andererseits mit den beiden Farben der dreieinhalb Meter hohen Steinblöcke zusammen. Der eine Marmorblock ist weiß, der andere ein grauer – oder wie es in Carrara heißt – ein kranker Marmor. Die Idee: das gesunde und das kranke Leben einander gegenüberzustellen. Licht und Dunkel stehen sich symbolisch gegenüber – und dann kommt das Wasser ins Spiel, das genau zwischen den Blöcken nach oben spritzt. Die Heilkraft des Wassers trennt das Kranke vom Gesunden, es unterstreicht, dass der helle Stein der Mächtigere ist und über das Dunkle triumphiert.

Schade nur, dass der Brunnen keine erklärende Beschriftung hat und daher wohl das meistignorierte Kunstwerk der Stadt ist. Doch wer den Sinn kennt, für den kann der Gang ins Krankenhaus mit einer gewissen Hoffnung, mit etwas mehr Leichtigkeit verbunden sein. Die dunkle, kranke Seite des Marmors ist dem Klinikum zugewandt. Mit dem Blick auf die helle Seite, auf Gesundung, läuft man auf das Krankenhaus zu, um dann den dunklen Stein zu passieren. Beim Hinausgehen ist es andersherum – man lässt die kranken Seiten des Lebens hinter sich und läuft durch eine Lindenallee hinaus ins Leben.

Adresse Klinikum Ingolstadt, Krumenauer Straße 25, 85049 Ingolstadt | **ÖPNV** Linien 16, 50, 60, 65, 70 und 85, Haltestelle Klinikum | **Tipp** Der öffentlich zugängliche Patientengarten ist ein sehr schöner und großer, naturnah bepflanzter Garten mit Hügeln, Bänken und Rundgängen. Der Eingang befindet sich links vom Haupteingang des Klinikums oder im Krankenhaus hinter den Aufzügen.

45 Der kristalline See

Ein Naherholungsgebiet für das Problemviertel

Eine einfache Aufgabe war das nicht für die Planer der Ingolstädter Landesgartenschau. Fassungslos standen sie einst auf dem Parkdeck des größten Ingolstädter Einkaufszentrums und blickten hinab auf ein Gelände, das reizloser nicht sein konnte. Es ist eingepfercht zwischen einem weiteren Einkaufstempel und den Hochhäusern des größten Problemviertels der Stadt, der vierspurigen und meistbefahrenen Straße Ingolstadts sowie den monströsen Hallen des für Audi entstandenen Güterverteilzentrums. Am Ende war das Ergebnis der Umgestaltung dennoch überwältigend: Aus dem von allen Seiten eingekeilten Ackerland wurde ein blühender Garten für die Zukunft.

Genau diese optische Last, die von allen Seiten auf dem Gelände lag, wurde zur gestalterischen Idee des Areals: Der Druck sollte sich in kristallinen Formen entladen. Am deutlichsten ist das an der Gestaltung des neuen Sees zu erkennen, dem Mittelpunkt des Geländes. Doch das Gewässer hat auch noch eine andere Aufgabe, denn er ist Teil eines neuen Naherholungsgebietes für das angrenzende Piusviertel. Zwar darf der See auch künftig nicht zum Baden genutzt werden, die breiten Sonnenterrassen dagegen werden in den nächsten Jahrzehnten willkommene Ruhezonen in der Hektik des Ingolstädter Westens sein.

In Ingolstadt fand 1992 schon einmal eine Landesgartenschau statt. Sie war ein einziger Glücksfall für die damals noch ein bisschen graue Industriestadt. Die Fläche um die historischen Festungsbauten am südlichen Donauufer glich davor einer wilden Ödnis. Am Ende aber entstand aus der Brachfläche das größte Park- und Freizeitgelände der Stadt, das noch heute intensiv genutzt wird. Genau darauf hoffen die Bewohner Ingolstadts auch nach der zweiten Auflage der Landesgartenschau. Anstatt der Donau wird allerdings diesmal der »kristalline« See im Mittelpunkt stehen.

Adresse Am Westpark 12, 85057 Ingolstadt | **Anfahrt** Am einfachsten ist der See nach der Landesgartenschau-Eröffnung von der hinteren Parkterrasse des Einkaufszentrums Westpark zu erreichen. A 9, Ausfahrt Nord, immer geradeaus, bis rechts die Auffahrt zum Parkdeck zu sehen ist. | **ÖPNV** vom ZOB Bus 50, 58, 60, Haltestelle Westpark | **Tipp** Die Brauereigastwirtschaft »Brauhaus 1516« im nicht zu übersehenden Westpark-Einkaufszentrum ist in rustikal-bayrischem Stil eingerichtet. Die Biere werden direkt in den Kesseln neben den Biertischen gebraut (Westpark 6/Eingang D).

46 Die Lepanto-Monstranz

Die Christenheit feiert ein Gemetzel

Erst einmal das Grundsätzliche: Eine Monstranz ist in der katholischen Kirche ein kostbares liturgisches Schaugerät, in dem den Gläubigen bei feierlichen Andachten oder Prozessionen eine geweihte Hostie gezeigt wird. Eine Monstranz ist also die Herberge für den Leib Jesu Christi, der die Nächstenliebe als wichtigstes Gebot ausrief.

Die Lepanto-Monstranz, die in einem schatzkammerartigen Nebenraum der Sakristei der Ingolstädter Kirche Maria de Victoria zu finden ist, passt dazu wie die Faust aufs Auge. Hergestellt im Jahre 1708 vom Augsburger Goldschmied Johannes Zeckl zeigt sie in unglaublicher Detailfreude in Gold und Silber die Seeschlacht von Lepanto. In dieser Schlacht im Jahr 1571 hatte eine christliche Flotten-Allianz die Armada der Türken besiegt – es war ein beispielloses Gemetzel, auf dessen Höhepunkt dem Sultan auf seinem Schiff der Kopf abgeschlagen wurde. Rund um das Schauglas mit der Hostie wird gekämpft, sinken die Boote, Engel schleudern Blitze, blasen Wind in die Segel. 30.000 Türken sollen an diesem Tag ihr Leben gelassen haben, und die ganze Christenheit feierte diesen Sieg in einer Euphorie, die noch lange anhielt. In der Ingolstädter Monstranz bestand der ursprüngliche Sockel sogar aus einem knienden Osmanen – dieser Teil ging (darf man erleichtert sein?) in den Wirren der Säkularisation verloren und erhielt einen unverfänglichen Ersatz.

Die Lepanto-Monstranz gilt wegen ihrer künstlerischen Pracht als wertvollste Monstranz der Welt. Man sollte sie gesehen haben. Und darf sich dabei gern wundern, wofür im Laufe der Jahrhunderte der Zimmermannssohn aus Nazareth alles herhalten musste. Dazu passt dann ganz gut, dass es in der Sakristei auch noch ein zweites berühmtes Exponat gibt: das Tilly-Kreuz, mit dem der katholische Generalissimus Tilly im Dreißigjährigen Krieg in seine Schlachten gegen die Protestanten gezogen sein soll.

Adresse Maria-de-Victoria-Kirche, Neubaustraße 1, 85049 Ingolstadt | ÖPNV Bus 10, 11 bis zum Rathausplatz, zu Fuß zur Fußgängerzone, über Theresienstraße zur Konviktstraße, der Konviktstraße nach Norden folgen bis zur Neubaustraße; die Asamkirche liegt links | Öffnungszeiten Nov.–Feb. Di–Do 13–16 Uhr; März–Okt. 9–12 und 12.30–17 Uhr, Mai–Sept. auch Mo geöffnet | Tipp Die Asamkirche von 1736, offiziell die Kirche Maria de Victoria, ist das bedeutendste Werk der berühmten Künstlerbrüder Cosmas Damian und Egid Quirin Asam. Das phantastisch bunte Rokoko-Deckengemälde ist 490 Quadratmeter groß. In den vier Ecken sind die vier damals bekannten Erdteile symbolisiert. Beim Kontinent Afrika nicht verpassen: der Pfeil eines Bogenschützen verfolgt den Betrachter in jede Ecke der Kirche.

47 Die Lichtsäule im Piusviertel

Ein Lichtblick im Problemstadtteil

Dass das Piusviertel nicht eben die edelste Adresse Ingolstadts ist, bedarf keiner Diskussion. Es ist offensichtlich. Nirgendwo anders sind die Hochhäuser höher und zahlreicher, und in keinem anderen Viertel der Stadt leben mehr Menschen. Gut 18.000 sind es, und sie kommen aus mehr als 25 Ländern. Der Grund dafür war schon immer Audi. Das nahe Werk brauchte Arbeiter, und die wollten schon damals gern in der Nähe ihrer Arbeitsstätte wohnen. Also plante die Stadt in den 1950er Jahren am Reißbrett einen völlig neuen Stadtteil, der vor allem eines sollte: möglichst viele Menschen unterbringen.

Heute konzentrieren sich im Piusviertel Armut und soziale Probleme, der Anteil der Menschen mit Migrationshintergrund ist groß. Ein Spaziergang ist dennoch recht interessant, immerhin ist der Stadtteil erstaunlich grün und großflächig.

Fast rührend ist es außerdem, wie sich die Gemeinnützige Wohnungsbau-Gesellschaft und die Stadtverwaltung um das Viertel kümmern. Mit dem Programm »Soziale Stadt« entstand ein Stadtteiltreff mit Sprachkursen, Beratungsangeboten und Seniorentreffs, an allen Ecken und Enden wurde thermisch saniert – und auch die Kunst sollte mithelfen, dem Stadtteil eine neue Identität zu geben. Der Künstler Ludwig Hauser hatte eine recht charmante Idee. Er entwarf eine zwölf Meter hohe Lichtsäule vor einem der größten Hochhäuser, die leicht schräg in den Himmel ragt. Die oberen zwei Drittel bestehen aus farbig leuchtenden Scheiben. Insgesamt 321 sind es, und sie stehen für die Mietwohnungen der umgebenden Häuser. Jeder Mieter hatte die Möglichkeit, Farbe und Leuchtzeitpunkt selbst zu bestimmen und sich so in der Säule und im Stadtteil wiederzufinden. Es wurde bedauert, dass nicht alle mitmachen wollten. Vielleicht war es aber auch ein Zeichen: Der ein oder andere fühlt sich eben längst noch nicht als Teil dieser Stadt.

Adresse Herschelstraße, 85057 Ingolstadt | **ÖPNV** Bus 10, Haltestelle Gaimersheimer Straße | **Tipp** Der Kuppelbau der Piuskirche, der einen Kontrast zu den kantigen Formen der Hochhäuser bilden soll, besteht aus 40 viertelkreisförmigen Stahlbetonrippen, die in einem Betonring münden. Probieren Sie die Akustik in der Mitte der Halbkugel aus. Sie ist so irritierend wie faszinierend.

48_Der Ludwigsbrunnen

So weit weg und doch so nah

»Nein, bitte keine Brunnen!« Ingolstädter Bürger zucken erschrocken zusammen, wenn die Stadtverwaltung mal wieder an der Idee eines neuen Brunnens bastelt. Und dabei den schönsten der Stadt – den Ludwigsbrunnen – zum wiederholten Mal vergisst.

Während die historischen Brunnen im vergangenen Jahrhundert gemeinhin auf schwach frequentierte Plätze, Kirch- oder Museumshöfe verbannt wurden, entstanden und entstehen noch immer Brunnen moderner Prägung. Das Ergebnis ist in jüngster Zeit das gleiche: Eine flache, im Boden versenkte Schale mit Sprühpumpen, die monatelang nicht funktionieren, unfassbare Summen verschlingen und so laut sind, dass in den umliegenden Büros bei offenem Fenster nicht mehr telefoniert werden kann.

Doch zurück zum Ludwigsbrunnen, dem ältesten Brunnen der Stadt, der heute auf dem Paradeplatz steht. Er wurde im Jahr 1881 eingeweiht, die Brunnenfigur stellt Kaiser Ludwig den Bayern dar, der von 1310 bis 1314 in Ingolstadt Hof hielt. Das Stadtwappen und ein Bild schmücken die Säule, auf der der Monarch steht. Der gewaltige Brunnen strahlt Erhabenheit aus und ist ein Zeugnis dafür, dass bei seinem Bau nicht gespart wurde. 15.000 Reichsmark – das war damals ein Vermögen – hat der vom Münchner Bildhauer Michael Wagmüller gestaltete Brunnen gekostet.

Er passte perfekt zum historischen Ingolstädter Rathaus – und genau dort stand er auch bis zum Ende des Zweiten Weltkrieges. Danach musste er Parkplätzen weichen. Den aus heutiger Sicht immer wirrer wirkenden Eingebungen von Architekten, die den Platz seither gestalteten, kam es nie in den Sinn, die Stimmigkeit zwischen Brunnen und Platz wiederherzustellen. Lieber wurden Pumpschalen im Boden vergraben. Doch Ludwig hat es nicht eilig: Wer fast eineinhalb Jahrhunderte selbst Kriege unbeschadet überstand, kann gelassen darauf warten, dass sich der Zeitgeist irgendwann wieder wendet.

Adresse Paradeplatz, direkt vor der Einfahrt zum Neuen Schloss, 85049 Ingolstadt | **ÖPNV** Bus 12, 51, 15, Haltestelle Fachhochschule | **Tipp** Einst das Eingangstor zur Stadt, wurde das Feldkirchener Tor später ein Teil des Neuen Schlosses. Vom Paradeplatz kommend 150 Meter links an der Schlossmauer entlang. Dort ist es Teil der Ostfassade des Schlosses.

49__Das Medizinhistorische Museum

Die kranken Glasaugen aus Paris

Der Ingolstädter Kunstfreund zuckte ein wenig zusammen, als ihn bei einer Auktion in Frankfurt diese Augen anstarrten. Jedes ein bisschen anders, das eine blutunterlaufen, das andere mit einer milchig weißen Eiterblase in der Pupille. 49 Stück, und dann dieses seltsame mit den Lidern, das sich von den anderen ganz besonders unterschied.

Der Ingolstädter Arzt war fasziniert, er hatte so etwas noch nie gesehen. Konnte er auch nicht, denn diese Augen, die ihm im goldenen Rahmen entgegenblickten, sind einzigartig auf der Welt. Sie sind in faszinierender Detailtreue aus feinstem Glas modelliert. Der Pariser Augenarzt Noël ließ sie 1834 anfertigen, um seinen Schülern die verschiedenen Augenkrankheiten demonstrieren zu können.

Sofort rief der Kunstfreund die Leiterin des Medizinhistorischen Museums in Ingolstadt an: »Das wäre etwas ganz Besonderes für Ihre Sammlung.« Christa Habrich, die damalige Leiterin, reagierte sofort. Es musste schnell gehen, denn ein Kunstsammler aus Amerika hatte ebenfalls Interesse gezeigt. Damit allerdings wäre das Exponat für die Öffentlichkeit verloren gegangen.

Sie rief den Verkäufer an und erklärte, dass sie die Glasaugen auf jeden Fall kaufen werde. Lediglich mit dem Geld müsse er sich noch ein wenig gedulden. Was der Verkäufer nicht wusste: Habrich hatte agiert, wie sie eben war. Ein bisschen forsch und in der Hoffnung, es werde irgendwie schon klappen mit der Finanzierung. Auch wenn sie zu diesem Zeitpunkt keine Ahnung hatte, woher sie das Geld nehmen sollte. »Wer Habrich kannte«, erklärt die heutige Museumsleiterin Marion Maria Ruisinger, »wusste, dass sie das irgendwie schaffen würde.« Am Ende halfen Sponsoren, ein ganz besonderes Schmuckstück des Museums zu finanzieren. Was auch die Besucher spontan erkennen. Ruisinger weiß: »Es gibt kaum jemanden, der an den kranken Augen von Ingolstadt achtlos vorbeigeht.«

Adresse Anatomiestraße 18–20, 85049 Ingolstadt, www.dmm-ingolstadt.de | Öffnungszeiten Di–So 10–17 Uhr, Eintritt 5 Euro | Tipp Gleich hinter dem Museum ist der »Hortus medicus«, ein Arzneipflanzen-, Duft- und Tastgarten, in dem einst die Medizinstudenten in Botanik und Arzneimittellehre unterrichtet wurden. Der Eintritt ist frei.

50_Das »Mo«

Die Fußballarena im überdachten Biergarten

Das »Mo« war schon immer anders als andere Kneipen. Während etliche Stammgäste wie auch der Autor dieser Zeilen älter werden, kleine Falten und das erste graue Barthaar im Gesicht entdecken, wird das »Mo« immer elanvoller, es »brezelt« sich auf. Wird jünger, frischer, obwohl es doch schon so alt ist. Und wenn Fußball läuft, ist der Teufel los.

Eigentlich heißt das Lokal ja »Neue Galerie« und war immer schon da. Es ist das älteste Studentenlokal der Stadt, hatte immer ein bisschen länger auf als alle anderen und war jahrzehntelang der einzige Anlaufpunkt, als die anderen Kneipen nach der Christmette schon geschlossen hatten. Wichtig war und ist das Lokal vor allem für Ingolstädter Künstler, die ihre Werke seit jeher dort ausstellen dürfen.

Der vor einigen Jahren geschmackvoll renovierte Innenraum bietet bis auf die wechselnden Ausstellungen nichts Außergewöhnliches. Eine Besonderheit ist dagegen der Biergarten. Gut 600 Gäste fasst er, man sitzt unter Kastanien, und wenn es kühler wird, schaltet Wirtin Monika die Wärmelampen ein. Als erster »überdachter Biergarten« Deutschlands schaffte es das »Mo« sogar in die »Süddeutsche Zeitung«. Der Grund: Neu hinzugezogene Anwohner realisierten überrascht, einen jahrzehntealten Biergarten als Nachbarn zu haben, und zogen vor Gericht. Als Folge erhielten Teile des Biergartens als Schallschutz eine Überdachung.

Ob der Schallschutz nun das hielt, was er versprach, interessierte bald nicht mehr. Denn nun hatte die Wirtin die Möglichkeit, teils gewaltige Leinwände und Flatscreens unter die Überdachung zu hängen: Egal, ob WM, EM oder Champions-League-Spiele: Der »Mo«-Biergarten wird regelmäßig zur Arena. Sogar Stehplätze gibt es, in jeder Blickrichtung flimmert ein Fernseher, und die Bierbänke sind oft schon Wochen zuvor ausgebucht. Weil jeder weiß, dass Fußball im »Mo« schon fast wie ein Stadionbesuch ist.

Adresse Bergbräustraße 7, 85049 Ingolstadt | ÖPNV nicht möglich, direkt neben der Tiefgarageneinfahrt in der Altstadt | Öffnungszeiten April–Okt. täglich ab 10.30 Uhr, im Winter ab 16.30 Uhr, Sa 14 Uhr, So 11 Uhr | Tipp Das optische Wahrzeichen der Stadt – das Kreuztor – ist zwar nur selten von innen zu besichtigen, von außen macht es aber ohnehin mehr her.

51 Der neue Donaustrand

Wo die Ingolstädter nicht baden sollen

Gut möglich, dass der ein oder andere Besucher Ingolstadts der Meinung sein könnte, dass die Stadt weit weg von einem Fluss liegt. Während Städte wie Köln sich seit Jahrzehnten dem Rhein öffnen oder München die Isar aufwendig renaturiert, hat die Altstadt Ingolstadts nicht den geringsten Bezug zur Donau. Anstatt einer breiten Promenade verläuft eine überdimensionierte vierspurige Straße an der Nordseite parallel zum Fluss.

Erst im Rahmen der Landesgartenschau 1992 entstand zumindest ein »Promenädchen« unterhalb der Straße. Den Mut, die Straße zumindest versuchsweise zu sperren oder gar zu untertunneln, hatte bisher niemand. Dabei wäre gerade der Bereich zwischen Theater und Neuem Schloss prädestiniert für ein sanft abfallendes Donauufer.

Inzwischen freuen sich die Ingolstädter aber immerhin über zwei Donaustrände. Der eine, fernab der Innenstadt in Sichtnähe der Autobahnbrücke gelegen, ist zwar nicht eben lauschig, wird aber trotzdem langsam von der Bevölkerung angenommen. Der zweite »Strand« wurde erst 2014 angelegt. Anstelle des teils kanalähnlich verlaufenden, steinigen Ufers entstand auf gut 200 Metern Länge ein breiter, flacher Uferstreifen. Geradezu perfekt also für Grillpartys an den Ufern der Donau. Warum allerdings liegt genau dieser »Strand«, der nur zu Fuß oder per Rad erreichbar ist, am Auwald und nahezu einen Kilometer weg von der Innenstadt?

Der Grund ist, dass ein Strand eigentlich nie geplant war. »Bitte dort jetzt bloß keine Bademeile«, warnte Stadtrat Manfred Schuhmann. Die Natur und die Auwälder sollen der Donau nähergebracht werden, keinesfalls aber die Ingolstädter selbst. Auch wenn die weiterhin ratlos sind ob dieser Motive. Fehlt nur noch, dass ein Badeverbot erteilt oder das Ufer gleich eingezäunt wird. Es gibt kein besseres Beispiel dafür, wie schwer sich Ingolstadt auch heute noch mit seinem Fluss tut.

Adresse Ingolstadt, Flussufer am Treidelweg | **ÖPNV** nicht möglich; erreichbar nur zu Fuß oder mit dem Rad über den Weg an der Staustufe oder aus der Innenstadt ab der dritten Donaubrücke am Nordufer entlang | **Tipp** Vom neu gestalteten Ufer aus bietet sich ein Spaziergang durch die Donauauen an. Romantische Wege führen durch die ungezähmte Natur – teils entlang an Schutter- und Baggersee-Auslauf.

52 Das Open-Air-Theater

Spektakuläre Aufführungen im Festungsbau

Welch ein Theater! Jedes Jahr, wenn die Abende wärmer werden und die Saison im Stadttheater langsam endet, steigt die Spannung. Dabei steht das Stück längst fest, das im Freilichttheater gezeigt wird – doch es ist stets die optische Umsetzung, die das Wort Theater (von altgr. anschauen) seiner eigentlichen Bedeutung sehr nahe bringt. Der Grund ist, dass das Open-Air-Spektakel in einer ganz und gar unvergleichlichen Arena stattfindet, die außergewöhnliche Möglichkeiten bietet.

Schließlich ist der Turm Baur, in dessen ovalem Innenhof die Stücke inszeniert werden, ein historischer Festungsbau. Nicht so historisch, dass man nichts anfassen dürfte – dazu ist der alte Bau zu stabil –, dafür aber mit zwei Rampen, über die einst auch das obere Stockwerk zu Pferd erreicht werden konnte.

Unter König Ludwig I. und seinem Hofarchitekten Leo von Klenze werkelten 20.000 Arbeiter – beachtlich bei einer Einwohnerzahl von gerade einmal 7.000 – von 1828 bis 1841, bis der Turm Baur, sein Zwillingsbruder Turm Triva und dazwischen das Reduit Tilly fertig waren. Pech nur, dass die Bauten militärisch höchst umstritten und schon bald aufgrund der rasanten Entwicklung der Waffentechnik nutzlos waren. Umsonst also das ganze Theater?

Keineswegs. Welche Kulisse schließlich könnte vielseitiger sein? Das Open-Air-Theater ist mal ein buntes Spektakel, in dem die Scheinwerfer mit den hohen Mauern und der unregelmäßigen Fassade spielen, dann wieder die schlicht-beeindruckende Kulisse für einen Klassiker – oder in einem anderen Jahr mit der passenden Beleuchtung die perfekte Illusion eines italienischen Kleinstädtchens. Vor Jahren sogar mit einem gewaltigen (vermeintlich) steinernen Brunnen, der so perfekt aus Holz und Pappe gebaut war, dass die Besucher nach dem Stück in Scharen auf die Bühne liefen, um abzuklopfen, ob er nicht doch aus Stein – und mehr wäre als nur eine Theaterkulisse.

Adresse Brückenkopf 3, 85051 Ingolstadt | ÖPNV alle Busse in Richtung Hauptbahnhof, Haltestelle Brückenkopf (3 Gehminuten) | Tipp Sobald die Kulissen abgebaut sind, wird die Leinwand hochgezogen. Das Open-Air-Kino, das ganz bewusst auch auf außergewöhnliche Filme setzt, öffnet einige Tage nach dem Ende der Theaterspielzeit in dem alten Festungsbau seine Tore. Ein ganz besonderes Kino-Ambiente.

53 Der Pfeifturm

Wie ein junger Mann einst zum Spanner wurde

Manche Geschichten darf man irgendwann doch erzählen. Vor allem, wenn sie schon älter sind, und insbesondere, wenn eine Beteiligte sie lächelnd in der Öffentlichkeit zum Besten gab. Die Bleicher Fini hatte zusammen mit ihrem Bruder eine ganz besondere Jugend. Sie war die Tochter des letzten Nachtwächters in Ingolstadt. Der hatte eine ganz spezielle Aufgabe – und einen traumhaften Arbeitsplatz: den Pfeifturm.

Während des Ersten Weltkrieges nahm der Schuster Bleicher irgendwann das Angebot an, als Brandwächter oben auf dem Turm zu arbeiten. Eine verantwortungsvolle Aufgabe, schließlich konnte ein Brand damals ein ganzes Viertel in Schutt und Asche legen. Aus diesem Grund zog die komplette Familie auf den 63 Meter hohen Turm, in dem auch eine kleine Wohnung untergebracht war. Die schöne Fini, die von ihren Verehrern fortan »Turmschwaiberl« genannt wurde, bekam von ihrem Vater eine Schaukel im Turm, streichelte ihre Hasen und freute sich, als Papa irgendwann sogar verbotenerweise eine Ziege die vielen Stufen nach oben schleppte. Auch wenn die Ziege nicht allzu lange am Leben blieb. Als ihr Gemecker mehrfach den Sonntags-Gottesdienst des Moritzpfarrers störte, musste sie notgeschlachtet werden.

Es war trotz der harten Zeiten ein schönes Leben auf dem Turm – vor allem nachdem ihr Bruder das Fernrohr des Papas entdeckt hatte. Anstatt nach Feuern suchte er allerdings die Dachterrassen ab, auf denen sich auch in damaligen Zeiten schon die Grazien der Ingolstädter Damenwelt hüllenlos sonnten. Einmal erwischt, durfte Söhnchen das Fernglas künftig nur noch unter Aufsicht nutzen – was weit weniger interessant war.

Wohnen kann man heute nicht mehr auf dem Pfeifturm, aber immerhin ist er im Rahmen von Führungen zu besichtigen. Mit etwas Glück und einem Fernglas sind – nicht, was Sie jetzt vielleicht denken – die Alpen zu sehen. Auch das ist ein erhebendes Gefühl.

Adresse 85049 Ingolstadt, Pfeifturm am Rathausplatz | **ÖPNV** Haltestelle Rathausplatz wird von fast allen Bussen angefahren | **Öffnungszeiten** nur geführte Besichtigungen jeweils sonntags, Termine bei der Tourist-Info unter Tel. 0841/3053031 | **Tipp** Sollten Sie nicht nach oben steigen wollen, ist direkt am Eingang des Alten Rathauses/Tourist-Info ein in Metall gegossenes Abbild der Altstadt aufgestellt. Vor allem der Charakter Ingolstadts inmitten der Stadtmauern und Festungsbauten ist sehr gut zu erkennen.

54 Der Richtplatz

Wo man die Bösewichte hängen ließ

Harmlos und unscheinbar wirkt der gekieste Platz, und doch ist er einer der schauerlichsten der ganzen Stadt. Wo heute die Ingolstädter auf einer belebten Straße in Richtung der südlichen Stadtteile fahren, war einst Ödland. Genau der richtige Ort für einen Richtplatz.

Das jedenfalls war die Meinung der Ratsherren am Ende des 16. Jahrhunderts. Seit gut 200 Jahren hatten die zum Tode Verurteilten ihr Leben und mitunter auch den Kopf auf dem Ingolstädter Rathausplatz lassen müssen. Auf einer Bühne, damit die Bevölkerung auch etwas davon hatte.

Die Sitten waren barbarisch, Hinrichtungen beliebte Sensationen. Wurden die Beschuldigten der Folter unterzogen, musste sie der Henker erst wieder gesund pflegen, ehe er sie nach ihrer Verurteilung zum Richtplatz führte.

Der größte Nachteil schien den Richtern allerdings, dass die ermahnende Wirkung mitten in der Stadt nicht nachhaltig genug war. Aus diesem Grund wurde die Richtstätte vor die Mauern der Stadt, etwa in Höhe des heutigen Verlagsgebäudes des »Donaukuriers«, verlegt. Auf gemauertem Untergrund wurde fortan geköpft, gerädert und verbrannt.

Die gemeinen Diebe dagegen mussten noch ein wenig weiter südlich ihr Leben lassen. Dort, wo heute im rückwärtigen Teil des Platzes Ouzo und Souvlaki serviert werden, standen die Galgen. War der Tod durch den Galgen allein schon schmachvoll, so waren die Folgen für die Familien der Getöteten verheerend. Denn zur Abschreckung war es Sitte, die Verbrecher zwar aufzuhängen, sie aber dann sich selbst beziehungsweise der Natur zu überlassen. Bis zu zehn Jahre hing so mancher Dieb, ehe er hinunterfiel und genau an dieser Stelle auch verscharrt wurde. Besonders bitter für die Verwandtschaft: Die Münchner Straße war damals der einzige südliche Weg hinein und hinaus aus der Stadt. Es blieb also gar nichts anderes übrig, als das einstige Familienmitglied immer mal wieder zu passieren.

Adresse Münchner Straße 34, 85051 Ingolstadt, an der Straßenkreuzung vor dem Restaurant Hermes | ÖPNV Bus 10, 16, S 2 vom ZOB, Haltestelle St. Markus | Tipp Die historische Dampflok 98 vor dem Ingolstädter Hauptbahnhof, der gut 300 Meter entfernt ist, kann bewundert und sogar erklettert werden.

55 Die Rosengasse

Kultkneipe im Bauernhof

Es ist ein bisschen schade, dass dieser Tipp kein geheimer mehr ist. Allerdings wäre er dann vielleicht auch in diesem Buch nie aufgetaucht. Sie wissen, Buchautoren sind mitunter Wahrer großer Geheimnisse.

Kein Mensch weiß, warum die Rosengasse so heißt. Denn optisch hat sie alles andere als Blumenbeete oder gar Rosen zu bieten. Hätte man sie vor Jahren noch Siech-, Grattler- oder Nachtbieslergasse genannt – niemand hätte ernsthaft protestiert. Und doch haben die unschönen Stellen einer Stadt bisweilen unentdeckte Blüten zu bieten – auch wenn es vielleicht nur ein alter Bauernhof ist.

Wer also in die Rosengasse einbiegt, muss sich nach dem vierten Haus rechts halten. Keine Leuchtschrift weist den Weg, kein Hinweis ist vorhanden, dass hier etwas Besonderes geboten sein könnte. Man steht in einem unscheinbaren Hof. Im ersten Moment scheint es, als habe man sich verlaufen – oder sei in eine dunkle Ecke des legendären Pariser Flohmarktes geraten. Alte Schaufensterpuppen, bunt zusammengewürfelte Stühle an ehrwürdigen Biertischen, ein Grammophon mit alten Schallplatten, improvisierte Überdachungen und ein Biergarten, der unter dem Überdach des alten Heustadels angesiedelt ist.

In guter alter Tradition der Berliner Hinterhofkneipen ist hier etwas für Ingolstadt Einzigartiges entstanden. Ein Lokal ohne Schnickschnack, ganz und gar nicht stylish, mit Omas Couch auf der Empore und einer wirklich winzig kleinen Speisekarte für ganz Hungrige. Was nun aber doch nicht ganz stimmt, denn anstatt eine Speisekarte auszudrucken, malt der Wirt das tägliche Angebot einfach an die Wand. Trotzdem ist die Rosengasse so modern, dass mehrmals im Jahr DJs coole Musik auflegen. Ach ja, und manchmal findet hier sogar ein leicht alternativ angehauchter Flohmarkt statt – alles, was charmant und alt ist, darf verkauft werden – nur – klar, die Einrichtung bleibt da.

Adresse Große Rosengasse 2, 85049 Ingolstadt | **ÖPNV** Bus 12, 15, 51, Haltestelle Fachhochschule, dann vom Paradeplatz durch die Ballhausgasse, die in die Rosengasse übergeht, laufen, dann rechts in einen Hinterhof abbiegen | **Öffnungszeiten** meist 17–1 Uhr, wechselt aber auch ab und an | **Tipp** Wenn man in der Rosengasse weitergeht, dann tauchen die renovierte alte Stadtmauer und ein Durchgang auf. Dahinter führt ein schöner Spazierweg immer an der Mauer entlang.

56 Der Scherbelberg

Wo Krieg und Romantik ganz nahe beieinanderliegen

Ausgerechnet der Scherbelberg bietet den schönsten Blick auf die Altstadt. Ein kleiner Berg mit trauriger Geschichte, auf einem feuchten, dunklen Fundament.

Auf dem Hügel angekommen, dauert die Suche ein, zwei Minuten, doch dann weichen Bäume und Sträucher zurück und geben ein romantisches Panorama frei. Links das Liebfrauenmünster, davor, rechts und links die vielen mittelalterlichen Giebel, alte und frisch sanierte Teile der Stadtmauer und Kirchen, immer wieder Kirchen.

Der Ursprung des Ingolstädter Scherbelbergs ist alt. Er steht auf den Resten einer Festungsanlage, die in den Napoleonischen Kriegen (1800–1815) zum Schutz vor den französischen Truppen errichtet wurde.

Kurioserweise war es der lästige Donaunebel, der dafür sorgte, dass der Scherbelberg überhaupt entstand. Anfang der 1930er Jahre hatten die Stadtoberen die düsteren Tage so satt, dass sie beschlossen, auf den Festungsresten einen Berg aufzuschütten, um auch an nebeligen Tagen den Blick über die Stadt schweifen lassen zu können. Da 1934 ohnehin ein paar umliegende Festungsanlagen abgerissen wurden, türmte man die »Scherberl« dieser Bauten zum neuen Ingolstädter Aussichtsberg. Dem »Monte Scherbellino«, wie ihn viele liebevoll nannten.

Wichtig wurde der Scherbelberg noch zwei Mal: Zunächst während des Zweiten Weltkrieges, da die unterirdischen, feuchten Räume der einstigen Festungsanlagen als Luftschutzbunker für 300 Menschen dienten, – und noch einmal nach dem Krieg. Wie überall in Deutschland legten die Menschen die »Scherberl« des Zweiten Weltkrieges außerhalb der Stadtgrenzen ab. Kaputte Ziegel, zerborstene Fenster ausgebombter Häuser und alles, was nicht mehr verwertbar war. Aus Scherben wuchsen Stück für Stück kleine Berge empor. Erhebungen, auf denen die Ingolstädter ihre traurige Vergangenheit ablegten und über die irgendwann Gras zu wachsen begann

Adresse Jahnstraße, 85049 Ingolstadt | **ÖPNV** Bus 30 und 40, Haltestelle Taschenturm. Von dort aus ist das Freibad ausgeschildert. | **Tipp** Das Ingolstädter Freibad ist ein ganz besonderes Schmuckstück. Wo sonst kann man schon inmitten historischer Festungsanlagen aus rotem Backstein baden gehen? Wer duschen oder sich umziehen will, kann sich dazu in die einstige Festung zurückziehen. Öffnungszeiten im Sommer 8–21 Uhr.

57_Der Schutterhof-Biergarten

Betonierte Gemütlichkeit in Ingolstadt

Es gibt in jeder Stadt Plätze oder versteckte Orte, die wie in einem Dornröschenschlaf dahinwelken. Versteckte Perlen, umwuchert von Efeu und Schlingpflanzen, die Jahrzehnte auf ihre Erweckung warten. Auch der Schutterhof war so ein Ort. Zwar nur ein paar Meter entfernt von der Innenstadt, aber schon fast vergessen. Der Hof, durch den einst das städtische Bächlein Schutter floss, wird umrahmt von den historischen Bauten der Landesfestung und ist schon daher einen Abstecher wert. Die alten Kasematten mit ihren martialischen Schießscharten gehören, so wie der Hof auch, dem Freistaat Bayern. Genauer genommen der Immobilien Freistaat Bayern GmbH. Die nahm im Jahr 2008 ein wahres Großprojekt in Angriff, entrümpelte den Innenhof und kündigte den Bau eines Biergartens an.

Kein kleiner, überschaubarer sollte es sein, sondern einer mit mindestens 800 Plätzen. Wenn Bayern baut, dann richtig. Das ist seit König Ludwig II. so.

Wobei in diesem Fall nicht etwa Pracht, sondern die Solidität im Vordergrund stand. Holz als Baustoff fiel daher schon einmal aus – martialisch wie der umrahmende Festungsbau sollte auch der Raum für die Zapfstellen sein. So gab der Freistaat ein knapp 25 Meter langes Schankhäusl in Auftrag – und ließ dieses, um ihm eine gewisse Stabilität zu geben, in Sichtbeton gießen. Hohn und Spott ergossen sich bayernweit über die Planer und den Architekten.

Längst aber hat sich der Sturm gelegt. Ein neuer Biergarten ist immer ein Gewinn, denkt sich der Ingolstädter – und immerhin sind ja ein paar Fensterläden aus Holz. Die neu gepflanzten Kastanien werden immer größer, im Sommer finden mitunter Freilichtkino und Konzerte statt. So ist der Schutterhof zu einem der optisch sicherlich interessantesten Biergärten der Region geworden. Und dem Betonklotz kann man ganz leicht den Rücken kehren.

Adresse Friedhofstraße 1a, 85049 Ingolstadt | **ÖPNV** Bus 50, 60 und X 80, Haltestelle Universität | **Öffnungszeiten** nur im Sommer | **Tipp** Der Künettegraben ist ein Park mit hohem Baumbestand und einem breiten Wassergraben, der die einstige Festung schützte. Der Zugang ist entweder von der Friedhofstraße oder direkt vom Biergarten aus möglich.

58 Die Schuttermutter

Eine Statue, die kopflos die Donau hinaufschwamm

Wer mit einem Glas Weißbier über den Ingolstädter Viktualienmarkt schlendert, ahnt meist nicht, dass er sich dabei im Mittelgang einer Kirche befindet. Genau genommen in einer Wallfahrts- und Klosterkirche der Augustiner. Heute allerdings sind nur noch ein paar Markierungen und eine Schautafel zu sehen. Doch wer ein wenig auf den Boden blickt und rund um den Markt läuft, sieht die hellen, in den Boden eingelassenen Steine, an deren Stelle die Kirchenwände einst gut 20 Meter in die Höhe ragten.

Gebaut wurde die Kirche zu Ehren der sogenannten »Schuttermutter«. Der ursprüngliche Bau war eine Synagoge, die nach der Vertreibung der Juden im Jahr 1384 in eine Marienkapelle umgewandelt wurde. Die Sage berichtet, dass die Juden aus Verdruss über ihre Vertreibung das Marienbild der »Schuttermutter« – damals führte die Schutter als Stadtbach an der Kirche vorbei – gestohlen hätten. Sie sollen den Kopf abgesägt und in die Donau geworfen haben. Dennoch sei die Statue mitsamt des abgesägten Kopfes die Donau hinauf in die Schutter geschwommen und hätte sich an die Kapelle gelehnt. Aufgrund des großen Besucherstromes nach diesem »Wunder« wurde schließlich die Kirche gebaut.

Ihre schwersten Stunden durchlebte die Wallfahrtskirche im 20. Jahrhundert. Bei einem Luftangriff am 9. April 1945 erlitt die Kirche einen Volltreffer durch eine Sprengbombe. 73 Menschen starben in der als Luftschutzbunker genutzten Gruft. Der Chor der Kirche und die angeschlossenen Klostergebäude wurden durch die Explosion nahezu vollständig zerstört. Lange wurde diskutiert, ob die Ruine erhalten bleiben sollte, schließlich stand noch eine der beiden Seiten des Hauptschiffes. Doch fünf Jahre nach dem Krieg beschloss der Stadtrat, den Platz abzuräumen.

Und die Schuttermutter? Immerhin hat sie den Krieg überstanden und ist heute in einer Seitenkapelle der Franziskanerkirche zu sehen.

Adresse Viktualienmarkt, 85049 Ingolstadt | ÖPNV Haltestelle Rathausplatz 30 Meter entfernt | Öffnungszeiten Stände teils bis 20 Uhr, der Platz selbst rund um die Uhr | Tipp Gehen Sie rechts um das Stadttheater bis zu einer Unterführung. Nur noch 20 Meter, und die Donau ist aus einem ganz anderen Blickwinkel als sonst zu sehen. Steinbänke laden zum Verweilen ein.

59 Das Studentenwohnheim

Eine Stadtmauer aus Kupfer

So reich Ingolstadt an historischen Gebäuden ist, so reich ist es auch an positiven und negativen Entscheidungen über deren Erhalt, Nutzung und Neugestaltung. »Ja san die denn narrisch worn«, meinte beispielsweise ein fassungsloser Michael Heltau, als er vor Jahren den Ingolstädter Rathausplatz mit seiner durchaus einzigartigen Steinwüste erblickte. Zweifelsohne ein Banause, dieser in Ingolstadt geborene Künstler, der nicht erkannte, dass die Piazza von Sienna schon längst ein seelenloses Pendant auf bayerischem Boden gefordert hatte.

Gut, dass man den Schauspieler und Chansonnier nicht vom Rathaus aus in Richtung des alten Volksfestplatzes geführt hatte. Dort nämlich entstand ein ultramodernes Studentenwohnheim, wie es kein Mensch zuvor gesehen hatte. Zumindest nicht direkt an einer historischen Stadtmauer. Das Problem ist, dass der Betrachter sofort im Zwiespalt ist: Ist es eine bauliche Todsünde, bin ich selbst zu konservativ für dieses Gebäude – oder ist es doch irgendwie beeindruckend?

Fest steht auf jeden Fall, dass das Studentenwohnheim einzigartig ist und dass kein privater Bauherr je diesem Vorhaben zugestimmt hätte. Während alle anderen Stadtmauerhäuser sich direkt an die historische Substanz anschmiegen, provoziert das Gebäude seine Extravaganz durch einen brutalen Bruch. Die Mauer blieb allein stehen – erst hinter einem schmalen Durchgang beginnt das neue Bauwerk. Mehr Abgrenzung geht nicht – allenfalls durch die Fassadengestaltung, die bei den einen Zorn, bei den anderen Bewunderung hervorruft. Ist eine Kupfer-Glasfront wirklich ein unverfrorener Stilbruch? Oder ist die ungewöhnliche Gestaltung nicht doch innovativ und sehr gelungen. Es soll an dieser Stelle kein Urteil erfolgen, viel reizvoller ist es, immer mal wieder die Diskussion zu eröffnen, was möglich und was sinnvoll ist und was diese Stadt in Zukunft prägen könnte.

Adresse Münzbergstraße 26, 85049 Ingolstadt | **ÖPNV** Linie 45, Haltestelle Christoph-Scheiner-Gymnasium | **Öffnungszeiten** Besichtigung von außen immer möglich | **Tipp** Die pittoresken Altstadtgässchen sind nur fünf Gehminuten entfernt. Am Studentenheim der Münzbergstraße gut 300 Meter in Richtung Westen folgen, dann rechts in die Griesbadgasse abbiegen. Hier beginnt mitten in der Stadt der optisch dörflichste Teil Ingolstadts.

60_Der Teufelsstein

Unglücklich wird, wer ihn betritt

Mancher, der hier ganz gemütlich im Café seinen Cappuccino schlürft, ahnt nicht, welches Werk des Teufels nur ein paar Meter weiter ruht. Und vor allem, warum er keinesfalls seinen Fuß daraufsetzen sollte. Auf den roten Quader, der mitten in der Ingolstädter Fußgängerzone die Ecke der Straße Am Stein und der Theresienstraße markiert.

Sicher, es ist eine Legende. Aber der Stein ist nun mal da, und dass er hier eigentlich nicht hingehört, ist offensichtlich. Tatsache ist aber auch, dass der Ingolstädter Herzog Ludwig der Gebartete im Jahr 1425 mit dem Bau der größten Kirche der Stadt, dem Liebfrauenmünster, begann. Doch kein Mensch war sein Gegenspieler, sondern der Leibhaftige selbst. Mit allen Mitteln wollte der Teufel den Bau verhindern. Zu gewaltig schien ihm das mächtige Bauwerk. Daher schlich er sich eines Nachts auf die Baustelle, stahl einen der riesigen Steine, die für den Bau gedacht waren, und schleuderte ihn voller Wut und Kraft mitten durch das Kirchenschiff, sodass er glaubte, es dadurch zerstört zu haben.

An diesem Punkt allerdings driften Wahrheit und Legende auseinander. Die einen Quellen überliefern, der Stein wäre auf dem Friedhof, der direkt neben dem Münster lag, gelandet, und ein paar Soldaten hätten ihn Jahrhunderte später mit einem groben Karren an seinen heutigen Platz gebracht. Andere Schriftstücke bekunden, der Teufel wäre zu hoch geflogen, der rote Brocken hätte das Münster ganz einfach verfehlt und würde deshalb dort liegen, wo er auch heute noch ist.

Dem Wachszieher Berthold war es egal. Er erwarb ihn 1815 mit dem Grund für sein Haus und mauerte ihn als Eckstein ein. Keine Frage, dass die Straße »Am Stein« heißen musste, klar ist aber auch, dass kein Ingolstädter wagen wird, auf den Unglück bringenden Teufelsstein zu treten. Aber Fremde sollten ebenfalls vorsichtig sein. Mit dem Teufel ist auch heute noch nicht zu spaßen.

Adresse Ecke Am Stein/Theresienstraße, 85049 Ingolstadt | ÖPNV Haltestelle Rathausplatz (fast alle Linien), dann zwei Minuten zu Fuß in Richtung Fußgängerzone | Öffnungszeiten rund um die Uhr | Tipp Ein überraschender Blick auf die Grundmauern Ingolstadts ist ein paar Meter weiter möglich. Gehen Sie durch die einstige Einfahrt in der Theresienstraße 11/9. Die hinteren Schaufenster reichen einige Meter hinab in die mittelalterliche Stadt. Nett, dass man einen Lichtschalter angebracht hat, mit dem Besucher alles beleuchten können.

61_Das Theaterdach

Künstlerische Phantasien in Blech und Beton

Nun ist es keine Pflicht, dass ganz gewöhnliche Menschen die Inspirationen eines Künstlers attraktiv finden müssen. Manchmal tun sie es zum Schein, um vorzugeben, den Gedanken des Meisters sehr wohl folgen zu können. Oder um zu vermeiden, als ungebildet dazustehen. In diesem Kontext ist vielleicht das Votum des damaligen Stadtrates für den Neubau und das Dach des Ingolstädter Stadttheaters zu sehen. »Na ja, ein Dach ist ein Dach«, dachte wohl mancher des auch aus Handwerkern bestehenden Stadtrates: »Hauptsache, es hält dicht.« Doch das ist ein anderes Thema – das Jahrzehnte später ins Haus tröpfelte.

Die Architekten Hardt-Waltherr Hämer und Marie Brigitte Hämer-Buro, die mit dem Bau 1959 beauftragt wurden, sahen das völlig anders. Ein Dach musste nach ihrer Ansicht vor allem symbolträchtig sein. Es muss eine Einheit bilden mit der Stadt und dennoch einzigartig sein.

Es entstand ein polygonaler Sichtbetonbau, auf gut Bayrisch also ein Betonklotz in geometrischer Formensprache, der 1967 sogar mit dem Preis des Bundes Deutscher Architekten ausgezeichnet wurde. Die Ingolstädter staunten, auch wenn sie ihr durchaus funktionelles, mit einem ausgezeichneten Schauspielerensemble besetztes Theater zumindest von innen schätzten.

Wer nun angesichts der trutzigen Mauern noch immer nicht darauf kommt, welche Formensprache das Theater spricht – dem geht es wie den meisten Besuchern. Die Antwort: Es ist die klassizistische Festungsarchitektur. Jetzt kein Spott bitte: Denn wer die absurde Schönheit des Ingolstädter Theaterbaues schmäht, wurde einst nicht nur von Hämer verklagt, sondern auch von all denen, die ein hohes Lied auf Kunst und Kultur singen, zum Kretin erklärt. Ach ja, das Dach: Es bildet die mittelalterliche Stadtstruktur ab. Sagt Hämer. Die Ingolstädter dagegen sind eher erleichtert, dass ihre Altstadt genau so eben nicht aussieht.

Adresse Schloßlände 1, 85049 Ingolstadt | **ÖPNV** Linie 20 und alle Linien, die über die Haltestelle Rathausplatz führen (5 Minuten Gehzeit) | **Öffnungszeiten** ganzjährig | **Tipp** Die teils im Original erhaltene historische Stadtmauer beginnt direkt an der donauabgewandten Seite des Theaters und führt, gesäumt von Obstbäumen, durch einen kleinen Park in Richtung Neues Schloss. Zur Apfelblüte ist der breite Grünstreifen trotz des nahen Parkplatzes ein ganz besonders schöner Ort.

62 Das Türkenzelt

Prototyp für die Biertempel des Oktoberfestes

Die Geschichte klingt verrückt und ist doch wahr. Die großen Oktoberfestzelte auf der Münchner Wiesn haben ein Vorbild – und das schlummert in Ingolstadt vor sich hin.

Ungarn, 12. August 1687: Der türkische Großwesir muss fliehen, er kann in der Eile nichts mitnehmen. Das Schlimmste neben der Niederlage aber ist die Schmach, die Zelte zurücklassen zu müssen. In Kriegszeiten gelten die großen und reich verzierten Zelte den türkischen Herrschern als Statussymbole, als für jedermann sichtbaren Palastersatz.

Umso mehr freute sich Kurfürst Max Emanuel, als er die Schlacht am Berge Harsány gewann. Von der umfangreichen Beute waren die Zelte die spektakulärsten Stücke. Das kleinere der beiden, vermutlich das Audienzzelt, ist heute im Ingolstädter Armeemuseum ausgestellt. Ein prachtvolles Exemplar, dessen Geschichte aber fast noch interessanter ist als das Zelt selbst. Schließlich waren die beiden beim ersten Münchner Oktoberfest im Jahre 1810 aufgeschlagen. Das kleinere, um dem Volk die Macht der Wittelsbacher zu demonstrieren. Teile des großen Zeltes dagegen wurden als Bedachung der königlichen Tribüne aufgespannt. Woraus sich die Spekulation ergab, dass das Vorbild der ersten Oktoberfestzelte wohl ausgerechnet das größere der erbeuteten Türkenzelte war. Das Zelt hat enorme Ausmaße. »Ich habe ein Seitenteil gesehen, das war 20 Meter lang«, erzählt Tobias Schönauer, Pressesprecher des Museums. »Es kann aber auch sein, dass die Wand zusammengefaltet ist. Dann wären es 40 Meter.« Genau hier liegt das Problem: Niemand hat das Zelt in den letzten 100 Jahren gesehen. Denn zum einen fehlt der Platz zum Aufstellen, zum anderen müsste es nach der langen Lagerung von Wissenschaftlern aufgefaltet werden. »Das würde einen sechsstelligen Betrag kosten«, sagt Schönauer. So bleibt das kleine Audienzzelt der Star des Museums, der große Bruder harrt im Archiv besserer Zeiten.

Adresse Bayerisches Armeemuseum, Paradeplatz 4, 85049 Ingolstadt, Tel. 0841/93770, www.armeemuseum.de | **ÖPNV** Bus 10, 11, 18, Haltestelle Technische Hochschule | **Öffnungszeiten** Di–Fr 9–17.30 Uhr, Sa, So, feiertags 10–17.30 Uhr | **Tipp** Vom Schlosshof führt ein breiter Weg (wohl einst für die Pferde) hinunter in den Schlossgraben und zu einer kleinen Tür. Direkt dahinter bietet sich ein schöner Spaziergang an der alten Stadtmauer an.

63_Die Wiege von Media-Saturn

Ein Einzelhändler wird zum Konzern

Das Haus in der Ingolstädter Theresienstraße 17 ist der aus Ziegeln gemauerte Beweis, dass aus etwas Kleinem etwas ganz Großes werden kann. Wenn man nur wirklich will, wenn man eine Idee und Lust auf Neues hat – und wenn man den Mut dazu findet. Nichts anderes als der Media-Saturn-Konzern entstand hier.

Wir schreiben das Jahr 1974. Der Autor dieser Zeilen drückt die Glastür auf – und steht in einem Meer von Waschmaschinen. Zumindest aus der Sicht des Zehnjährigen. Denn im Erdgeschoss des recht kleinen Ladens steht die sogenannte weiße Ware. Die für ein Kind wirklich interessanten Geräte, Farbfernseher und Stereo-Kompaktanlagen, stehen im ersten Stock.

Hinter dem Tresen lächelt ein junger Mann, Erich Kellerhals. Er ist der Besitzer des Geschäftes F.E.G. Kellerhals, doch ist sein Lächeln ein wenig gequält. Neben ihm steht Leopold Stiefel, ein zielstrebiger junger Mann, der nach dem Abschluss der Volksschule eine Lehre zum Einzelhandelskaufmann absolvierte und seit 1968 bei Kellerhals beschäftigt ist.

Der Grund, warum Kellerhals so gequält lächelt, sind die großen Selbstbedienungswarenhäuser. Sie verfügen seit Kurzem über Elektronikabteilungen, die genauso groß sind wie die des Fachhändlers, und bedrohen ihn in seiner Existenz. Gut, dass Kellerhals seinen Angestellten Stiefel hat. Gemeinsam kommen sie zu der Erkenntnis, dass die Zukunft im Einzelhandel der Großfläche gehört. Um dieses Modell umzusetzen, holen sie den Vertriebs- und Marketingfachmann Walter Gunz in ihr Team und eröffnen 1979 den ersten Media Markt in München. Die Banken belächeln das Konzept, die Konkurrenten schmunzeln. Der Rest ist bekannt – und Ingolstadt noch heute ein stolz darauf, den Traum vom Elektroverkäufer zum Multimillionär, vom Elektroladen zum weltweiten Konzern miterlebt zu haben.

Adresse Theresienstraße 19, 85049 Ingolstadt | **ÖPNV** nahezu alle Busse vom ZOB in Richtung Süden, Haltestelle Rathausplatz | **Tipp** Einmal umgedreht, stehen Sie vor dem Bubenbrunnen. Claudio Righetti, der Italiener, der zum Ingolstädter wurde, hat ihn entworfen. Nichts Symbolisches, nichts Bedeutsames, einfach spielende Kinder am Wasser – schön.

64 Die Gefängnisausstellung

Tiefe Einblicke in den weiß-blauen Strafvollzug

Gerade noch so gehört der Markt Kaisheim, ein paar Kilometer nördlich von Donauwörth, zum Naturpark Altmühltal. Das ehemalige Zisterzienserkloster in der Ortsmitte mit seinem prächtigen barocken Kaisersaal, in dem einst sogar Mozart zu Gast war, zieht zu Recht viele Touristen an. Die meisten der heutigen Klosterbewohner sind freilich ungern hier: Das Kloster Kaisheim ist nämlich schon seit 200 Jahren eine riesige Justizvollzugsanstalt. Gleich neben dem öffentlich zugänglichen Kaisersaal beherrschen Mauern, Wachtürme, Stacheldraht und Stahltore die Szenerie. Da findet das barock-heitere Leben ein jähes Ende. Dazu passt denn auch eine hochinteressante und sehr umfangreiche Ausstellung über den bayerischen Strafvollzug in Geschichte und Gegenwart. »Hinter Gittern« heißt diese Präsentation – Tür an Tür mit dem Kaisersaal. Der Eintrittspreis gilt für beides.

Gezeigt wird, wie sich in weiß-blauen Gefilden das Leben im Gefängnis früher und heute darstellte. Da ist eine uralte Haftzelle ebenso zu besichtigen wie eine moderne, da finden sich furchteinflößende Fußfesseln mit Eisenkugeln, Zwangsjacken oder auch eine Pritsche, auf der vor 200 Jahren Neuankömmlinge hochoffiziell Prügel erhielten, bevor sie ihre Haftstrafe antraten. Bei der Entlassung gab es dieselbe Prozedur übrigens noch mal: Resozialisierungsversuche anno dazumal.

Präsentiert werden auch moderne Räume für Gespräche mit Angehörigen, der tagesaktuelle Speiseplan der JVA Kaisheim, die Anstaltskleidung oder Bastelarbeiten der Insassen. Apropos Basteln: Manche der Insassen steckten jede Menge Energie und Phantasie in Fluchtpläne, fabrizierten täuschend echte Gewehre oder Pistolen aus Pappmaschee oder knoteten aus allem, was sie finden konnten, Strickleitern zusammen. Diese kleine Sammlung bleibt Besuchern wohl besonders in Erinnerung – bevor sie mit gewisser Erleichterung hinaus ins Freie treten.

Adresse Abteistraße 4, 86687 Kaisheim | Anfahrt über B 2, Abfahrt Kaisheim zur Ortsmitte von Kaisheim, Beschilderung »Ausstellung« folgen | Öffnungszeiten Mi, Do 10–17 Uhr, Fr 10–13 Uhr, Sa und So 10–16 Uhr, Mo und Di geschlossen, 1. Dez.–28. Feb. geschlossen, Eintritt (einschließlich Kaisersaal) 1 Euro, für Kinder 50 Cent | Tipp Etwa 7 Kilometer östlich von Kaisheim liegt das Schloss Leitheim, die ehemalige Sommerresidenz der Kaisheimer Äbte. Hier finden im Sommer regelmäßig Konzerte statt.

65 Die Rumburg

Des Schlosspudels Ruine

Zur Walpurgisnacht sollten Sie nicht auf die Rumburg steigen. Es sei denn, Sie wollen reich werden – oder das Schicksal herausfordern. Denn die hochmittelalterliche Ruine bei Enkering birgt ein Geheimnis. Sie wird eher selten besucht, obwohl sie wirklich beeindruckend ist. Gute zehn Minuten laufen, eine Brotzeit mitnehmen – und eine Überraschung erleben: Denn wer eine Burgruine zeichnen wollte, würde sie genau so aussehen lassen. Kantige Zacken und graue Mauerfragmente, die sich geheimnisvoll aus dem Grün des Waldes erheben.

Die Geschichte der Burg ist weniger geheimnisvoll. Vor dem Nebeneingang steht ein Schild mit dem Stammbaum des einstigen Adelsgeschlechts. Der Haupteingang auf der Südseite ist aber viel interessanter, da er gut erhalten ist. Nur die Brücke, die einst den Graben zwischen Wald und Burg überwand, ist eingestürzt. Ansonsten hat das komplette Tor der Zugbrücke die Jahrhunderte überstanden. Die vier Außenmauern sind zumindest teilweise erhalten und teils mehr als zehn Meter hoch. Aussparungen in den Wänden verraten, wo Querbalken für die einstigen Stockwerke lagen, und selbst die Lager für die Eingangstore existieren noch – eigentlich möchte man am liebsten zu renovieren beginnen und vor allem die hohen Schutthaufen abtragen, die mit Sicherheit so manches Geheimnis bergen.

Vielleicht sogar das mit dem Pudel und dem Goldschatz. Jedes Jahr in der Walpurgisnacht streift nicht ein Gespenst, sondern der schwarze Schlosspudel mit feuerglänzenden Augen durch die Ruine. Im Maul trägt er einen goldenen Schlüssel, der den Weg zu den Schatzkammern öffnet. Eine Einheimische verrät, dass man vom Ort aus schweigend nach oben zur Burg gehen müsse. Mit etwas Glück verliert der Pudel dann den Schlüssel. Ganz offen, wir haben Zweifel. Ganz abgesehen davon, dass eine Nacht auf der Rumburg schon gruselig genug wäre – auch ohne Pudel.

Adresse 85125 Kinding-Enkering | ÖPNV Bus 9234 von Eichstätt Stadtbahnhof | Anfahrt auf der A 9 die Ausfahrt Kinding nehmen, auf der Staatsstraße 2228 in Enkering rechts in die Rumburg-Straße einbiegen, am Ortsende zu Fuß links nach oben | Öffnungszeiten immer | Tipp Der Landgasthof Zum Alten Wirt bietet einen urigen Biergarten und eine Holzterrasse direkt über dem Forellenbach. Vor allem aber gibt es außergewöhnliche Hausmannskost wie Wildhasenkeule – und natürlich fangfrische Forellen. Das Gasthaus liegt direkt an der Abzweigung im Ort zur Burg. Hauptstraße 24, 85125 Enkering.

66_Der Ferienpark Kratzmühle

Badesee und ein Sundowner auf der Terrasse

Einfach mal abschalten können Urlauber und Einwohner des Altmühltals ganz wunderbar an der Kratzmühle. Einst bei vielen Ingolstädtern als Synonym für heimatnahen Tourismus der antiquierten Art verschrien, ist der kleine See mit seiner sattgrünen Insel inzwischen in der Beliebtheit wieder gestiegen.

Es wurde aber auch viel getan rund um die zwei Kilometer lange Uferlinie. Die Wiesen und die Ufer sind top gepflegt, ein kleiner Sandstrand begeistert kleinere Kinder, und die neu gestaltete Seeterrasse lockt zum Sundowner. Schließlich kann man an keinem anderen Platz im Altmühltal auf einer Seeterrasse so lange die Sonne genießen.

Es mag kurios klingen: Doch ausgerechnet das Altmühltal, das von seinem Flüsschen so reichhaltig mit Wasser versorgt wird, ist abgesehen von dem im Randbereich gelegenen Fränkischen Seenland nicht eben reich mit Badeseen gesegnet.

Deshalb ist es auch gar nicht erstaunlich, dass die ganze Anlage rund um die Kratzmühle in ihrer heutigen Form künstlich angelegt wurde. Ursprünglich gab es hier lediglich einen kleinen See, der von der Altmühl gespeist wurde, die Mühle selbst und das historische Wasserkraftwerk. In den 80ern schließlich bekamen die Altmühltalbewohner einen See vernünftiger Größe, einen charmanten Campingplatz, einen Bootsverleih, ein Restaurant am See und ein weiteres auf der anderen Seite der Altmühl spendiert. Außerdem eine ziemlich markante Ferienhaussiedlung. Die Häuschen sind ein echter Hingucker: Sie gleichen in etwa einem Stückchen Toblerone-Schokolade. Ruhesuchende kommen übrigens auch auf ihre Kosten: Einfach in das eigene oder ein Mietkanu steigen, auf der direkt neben dem See dahinfließenden Altmühl paddeln und schon ein paar Minuten später plötzlich ganz allein sein mitten in sattgrüner Natur.

Adresse Mühlweg 1, 85125 Kinding-Kratzmühle | **ÖPNV** nächstgelegener Bahnhof in Kinding, von dort mit der RBA-Buslinie 9232 (Beilngries–Eichstätt), Haltestelle Pfraundorf | **Öffnungszeiten** immer | **Tipp** Direkt neben See und Campingplatz zeigt das Museum Kratzmühle »Technik anno dazumal.«. Erstaunliche Gerätschaften und kuriose Musikapparate sind auf insgesamt 1.000 Quadratmetern zu sehen.

67_Das Steinerne Tor

Wo Sie Burgen eigene Namen geben dürfen

Manche Orte regen die Phantasie an. Weil eben nicht so viel zu sehen ist wie anderswo, die Gedanken noch fliegen und im Kopf etwas ganz anderes entsteht als das, was ursprünglich war. Wie Neuschwanstein aussieht, wissen Sie, wie die drei unmittelbar nebeneinanderliegenden Burgen in Unteremmendorf einst aussahen, wird dagegen in Ihrem Kopf entschieden. Sie können ihnen, wenn Sie ein bisschen spielen wollen, sogar eigene Namen geben, denn die einstigen Bezeichnungen sind nicht mehr bekannt.

Der Weg vom Örtchen Unteremmendorf ist steil, aber nicht lang. Gut beschildert ist er außerdem. Vom Ortskern einfach immer nach oben, kurz nach einer Rechtskurve zweigt links der Wanderweg ab. Er ist im Frühjahr sogar schöner als im Sommer zu begehen, da die sprießenden Blätter der Bäume den Blick noch nicht einschränken. Zu dieser Jahreszeit ist auch das Steinerne Tor noch beeindruckender. Ein Felstor, flankiert von zwei mächtigen Felsnasen. Zwei Höhlen, eine gut 25 Meter tief, führen in den Fels und werden noch heute wohl von den Jugendlichen des Dorfes für schaurige Abende am Feuer genutzt.

Von den drei Burgen selbst ist ansonsten nur noch wenig erhalten. Sie bestanden vermutlich jeweils aus einem turmartigen, ummauerten Gebäude, das durch einen Graben vor Feinden geschützt war. Die Gräben allerdings sind teilweise noch zu sehen. Es ist ein wenig schade, dass der Berg inzwischen nahezu zugewachsen ist, denn von den Burgen aus war ein phantastischer Blick über den gesamten Altmühlbogen möglich. Von Kinding bis Beilngries reichte die Sicht. Heute öffnet sich gut 100 Meter rechts vom Steinernen Tor zumindest ein Teil dieses Panoramas. Und lässt einmal mehr die Phantasie spielen. Von Burgherren, die Zölle eintrieben, von Kämpfen um die ummauerten Gebäude und von den Gründen, warum die drei Burgen von Unteremmendorf irgendwann der Natur überlassen wurden.

Adresse Unteremmendorf bei 85125 Kinding | ÖPNV RBA-Linie 9232 ab Kindinger Bahnhof, Haltestelle Unteremmendorf (circa 700 Meter entfernt) | Öffnungszeiten immer zugänglich | Tipp Die Burgen liegen direkt auf der Route des preisgekrönten Altmühl-Panoramaweges. Es bietet sich daher ein längerer Spaziergang entweder in Richtung Kinding oder in Richtung Beilngries an.

68 Der Mittelpunkt Bayerns

Weiß-blaues Zentrum nach »Pi mal Daumen«

Basteln Sie gern? Dann hätten wir folgende Aufgabe für Sie: Sie nehmen sich eine Sperrholzplatte, malen den Umriss des Freistaats Bayern darauf und sägen das Ganze mit der Laubsäge aus. Jetzt brauchen Sie nur noch eine Stecknadel, auf deren Spitze Sie das Bayernland horizontal positionieren. Exakt dort, wo das wacklige Konstrukt seinen Schwerpunkt findet und in der Schwebe ist, befindet sich – trara! – der geographische Mittelpunkt Bayerns.

Dieser Ort liegt ganz nahe bei Kipfenberg. Lange hat das niemand gewusst. Schlimmer noch, es hat niemanden interessiert. Bis das Bayerische Fernsehen 1980 im Rahmen seiner Serie »Kennen Sie Bayern, wo's kaum einer kennt?« die populäre Moderatorin Carolin Reiber nach Kipfenberg entsandte. Es gab einen Festakt, ein Gedenkstein mit Bronzetafel wurde aufgestellt, und es stellte sich als überaus praktisch heraus, dass das weiß-blaue Zentrum unmittelbar an einer schmalen Teerstraße hinter der Burg Kipfenberg liegt.

Es heißt, die Gemeinde Kipfenberg durfte sich den Platz unter der Devise »Pi mal Daumen« selbst aussuchen, weil es so genau dann doch nicht ging. Seither kann jedenfalls niemand mehr die symbolträchtige Stelle verpassen, an der Bayern in der Balance ist und Carolin Reiber einst moderierte. Die Bronzetafel mit dem ausdrücklichen Hinweis auf diese TV-Sternstunde fiel allerdings einer Neugestaltung des Ortes zum Opfer.

Wem das zu wenig ist, der braucht nur ein paar hundert Meter durch lichten Buchenwald auf einem idyllischen Pfad zur Burg Kipfenberg spazieren: In einem ehemaligen Burgstadel ist das sehenswerte und vor allem für Familien mit Kindern bestens geeignete Römer- und Bajuwaren-Museum eingerichtet. Dessen Höhepunkt ist das Grab eines germanischen Kriegers, der populärwissenschaftlich als erster »echter« Bajuware gilt. Richtig gelesen: In Kipfenberg trifft man den »Urbayern«! So hat das mit dem Mittelpunkt Bayerns am Ende doch seine Ordnung.

Adresse 85110 Kipfenberg | **Anfahrt** auf der A 9 (Ausfahrt Altmühltal) erst Richtung Kinding, am Kreisel auf der Staatsstraße 2230 (Altmühltalstraße) nach Kipfenberg, dort Richtung Denkendorf und der Ausschilderung zum Römer- und Bajuwarenmuseum auf äußerst enger gewundener Straße bis zur Burg folgen, von der Burg aus noch etwa 300 Meter weiter Richtung Gelbelsee | **Öffnungszeiten** Museum Mo–So 10–16 Uhr, in den Sommermonaten länger, von November bis März nur sonntags, www.bajuwaren-kipfenberg.de | **Tipp** Der römische Limes führt mitten durch Kipfenberg hindurch. Am nördlichen Ortsausgang Richtung Pfahldorf, gleich bei der Schule Am Limes, führt ein steiler Weg zu einem rekonstruierten hölzernen Limesturm.

69__Der Biergarten Arnsberg

Wo eine resolute Schlossherrin regiert

Kreszentia Weiß ist eine Kämpferin, und wenn sie etwas nicht will, dann sagt sie es unverblümt. Immerhin ist sie Schlossherrin und Hoteleignerin. Keine Frage, dass die Küche ebenfalls ihr Revier ist. Dieses Schlossfräulein der ganz besonderen Art betreibt auf Schloss Arnsberg den wohl schönsten Biergarten im gesamten Altmühltal. Der Panoramablick ist im Preis inbegriffen.

»Ich bin nicht interessiert«, antwortet sie konsequent auf die Bitte um ein Gespräch und das ansonsten gemeinhin geschätzte Angebot, in ein Buch wie dieses aufgenommen zu werden. Sie hat gelernt, sich allein durchzukämpfen. Wie nach dem Zweiten Weltkrieg, als sie mit ihren zwei Kindern zurückkehrte in das ehemalige Sommerschloss der Eichstätter Bischöfe, das schon lange eine Ruine war. Nach den Kriegstagen waren aber auch die Dächer der landwirtschaftlichen Gebäude eingestürzt, die rund um den Schlosshof standen. Der Vater von Kreszentia hatte den Hof als Bauer bewirtschaftet, und jetzt fing seine Tochter ganz von vorne an. Vor allem aber mussten die Kinder möglichst schnell ein regendichtes Dach über dem Kopf haben.

Wahrscheinlich erklärt das die ein wenig schroffe Antwort der Schlossherrin. Einer Powerfrau würde man heute sagen. Denn sie stampfte sowohl die Gaststätte als auch das Hotel mit den Tagungsräumen und den stimmungsvollen Biergarten mit der Postkartenidylle fast aus dem Nichts. Alles zumindest teilintegriert in die Ruinen des ehemaligen Schlosses und spektakulär gelegen auf einem 120 Meter hohen Steilfelsen über dem Altmühltal.

Wer nun meint, Kreszentia Weiß wäre eine rechte Zwiderwurzn, liegt trotzdem falsch. Wenn sie Zeit hat, setzt sich die Schlossherrin sehr gern zu ihren Gästen und plaudert. Manchmal sogar über alte Zeiten. Richtig charmant kann sie dann sein, mit dem Charme einer Prinzessin – und dem Herzen einer Löwin. Sogar zum Autor dieser Zeilen.

Adresse Schloß Arnsberg, Schloß 1, 85110 Arnsberg, Tel. 08465/3154, www.schloss-arnsberg.de | Anfahrt auf der Jurastraße von Attenzell in Richtung Arnsberg, an der Beschilderung rechts | Tipp Die sanierte alte Ortsmitte Arnsbergs. Ein kleiner Spaziergang in den beiden Sträßchen tief unterhalb des Burgfelsens ist wie der Besuch eines bewohnten Freilandmuseums.

70_Das Köschinger Waldhaus

Wildbret aus dem Wald der Wittelsbacher

Wer in den Wäldern rund um Kösching spazieren fährt, wird nicht ahnen, dass er auf dem Boden der Nachfahren des Märchenprinzen König Ludwig II. unterwegs ist. Der sogenannte Köschinger Forst, eines der größten Waldgebiete Bayerns, gehört dem Wittelsbacher Ausgleichsfonds. Der Fonds wurde einst für das enteignete bayerische Königshaus gegründet und sorgt dafür, dass die Nachkommen der Wittelsbacher über ein gesichertes Einkommen verfügen. Was eignet sich da mehr als Wälder, die ohnehin schon seit über 800 Jahren Bayerns Herzögen, Fürsten und Königen gehörten und auch in künftigen Generationen noch Ertrag abwerfen werden. Oder aber ein Gasthaus, mitten im Köschinger Forst, das noch dazu ganz spezielle Küche anbietet.

Für einen Geheimtipp ist die Traditionsgaststätte mit ihrem Biergarten längst viel zu bekannt. Den Ruf, ganz ausgezeichnete bayerische Wildküche auf den Teller zu bringen, hat sich Küchenchef Uwe Rühl dagegen erst in den vergangenen Jahren schwer erarbeitet. Wobei er mit einem absoluten Alleinstellungsmerkmal aufwarten kann: Das Dam-, Schwarz- und Rehwild, das er serviert, stammt ausnahmslos aus den Wittelsbacher Jagden des Köschinger Forstes. Ein ganz besonderes Schmankerl ist der Fleischpflanzerl-Spieß aus Wildfleisch. Slow Food ist manchmal einfach himmlisch.

Ein erhebendes Erlebnis ist schon die Anfahrt. Eine breite Allee gewaltiger Buchen führt zur Waldgaststätte hin. Einst nicht mehr als ein königlicher Kälberstall, entwickelte sich daraus die Wirtschaft, die erstmals im Jahr 1882 in den Chroniken auftaucht. Seit 1967 ist sie Eigentum des Ausgleichsfonds und wurde mehrfach, zuletzt 2008, modernisiert. Keine Frage, dass die Neueröffnung stilvoll zelebriert wurde: Seine königliche Hoheit, Herzog Franz von Bayern, reiste höchstpersönlich an, um das gelungene Werk zu begutachten.

Adresse Köschinger Straße 2, 85092 Kösching, Tel. 08405/924920, www.koeschinger-waldhaus.de. | **Anfahrt** auf der A 9 die Ausfahrt Lenting nehmen, dann auf der Staatsstraße 2229 bis Stammham und dann rechts der E 120 bis zur Beschilderung folgen | **Öffnungszeiten** Mi, Do 14–22 Uhr, Fr, Sa 11–22 Uhr, So, Feiertage 11–20 Uhr | **Tipp** Das Kasinger Schönstattzentrum beim Canisiushof ist ein Begegnungsort für Marienverehrer.

71 Die älteste Votivkerze

Wo Wallfahrer schwer zu tragen haben

Die Begeisterung der katholischen Bayern für Wallfahrten ist legendär, im Sommer ziehen unzählige Pilgergruppen zu Fuß singend und betend durch Wiesen und Wälder auf prächtige Kirchen zu. Vorneweg Kreuz und Fahnen, und wenn es einen besonderen Anlass zur Dankbarkeit gibt, tragen die Gläubigen manchmal eine dicke Votivkerze aus feinstem Bienenwachs mit sich und lassen sie in der Kirche zurück. Die reichste Tradition in Sachen Kerzen hat die Wallfahrtskirche St. Salvator in Bettbrunn. Hier findet sich Europas älteste Votivkerze.

Die Wallfahrtstradition von Bettbrunn geht auf ein »Hostienwunder« im Jahr 1125 zurück, doch seit einer Brandkatastrophe, bei der die verehrte Hostie zerstört wurde, wenden sich die Pilger einer kleinen romanischen Christusfigur zu: Sie zeigt Jesus als triumphierenden Erlöser der Welt (lat. Salvator Mundi).

Dem Besucher präsentiert sich St. Salvator als lichtdurchfluteter Prachtbau mit herrlichen Deckengemälden und allem, was der bayerische Barock zu bieten hat. Die Votivkerzen finden sich im Chorraum, rechts und links in mehrstöckigen geschnitzten Stellagen, alle sorgfältig beschriftet. Auf der linken Seite, ganz oben, stehen die ältesten Kerzen, und der Methusalem unter ihnen wurde im Jahr 1378 von den Ingolstädtern gestiftet. Ganz schwarz sind die uralten Kerzen im Laufe von 650 Jahren geworden, manche haben einen Holzkern. Es grenzt an ein Wunder, dass sie die Zeitläufte unbeschadet überstanden haben. In der Säkularisation 1803 ging nämlich die Hälfte aller rund 300 Votivkerzen verloren. Die Wallfahrten kamen danach praktisch zum Erliegen.

Doch seit den 1960er Jahren geht es wieder aufwärts mit dem Wallfahrtswesen. Heute pilgern zwischen Ostern und Ende Oktober rund 60 Pfarreien aus dem weiten Umkreis nach Bettbrunn. Und wenn ein Jubiläum ansteht, bringen sie auch heute noch eine dicke, schwere Votivkerze mit.

Adresse Salvatorkirche, Salvator-Ring 14, 85092 Kösching-Bettbrunn, www.bettbrunn.de | Anfahrt A 9 Ausfahrt Lenting, nach Kösching Ortsmitte, dort links EI 37 bis Köschinger Waldhaus, hier rechts EI 20 bis Bettbrunn | Öffnungszeiten tagsüber | Tipp Das Museum in Kösching (Klosterstraße 3) beleuchtet die Heimatgeschichte des Marktes Kösching archäologisch und volkskundlich. Eines der bedeutendsten Exponate ist ein original römischer Meilenstein aus dem Jahr 201 n. Chr.

72 Der Offroadpark

Paris–Dakar im Altmühltal?

Ist das irgendwo im nordafrikanischen Atlas-Gebirge? Trucks quälen sich im Schleichtempo durch eine karge Wüstenlandschaft, kämpfen sich steilste Hänge hinauf, schliddern ganz, ganz vorsichtig auf der anderen Seite wieder hinab, queren ein Schlammloch und versuchen sich an der nächsten schier unbezwingbaren Steigung aus ockerfarbenem Schutt. Paris–Dakar? Nein, das Gelände befindet sich hoch über dem Altmühltal, in den Steinbrüchen zwischen Solnhofen und Langenaltheim. Es ist der »Offroadpark Langenaltheim«.

Am Wochenende treffen sich hier auf einem zehn Hektar großen, speziell ausgewiesenen Steinbruchgelände Hobby-Geländefahrer aus ganz Süddeutschland, um mit ihren teilweise martialischen und/oder militärischen Allradfahrzeugen an die physikalischen Grenzen zu gehen. Die Devise lautet: So langsam wie möglich, so schnell wie nötig. Auch Anfänger können nach einer ausführlichen Einweisung mit ihren eigenen Fahrzeugen durch den Parcours fahren. Amerikanische Spezialtrucks quälen sich durch den Steinbruch, Jeeps, Hummer-Geländewagen. Die Anlagenbetreiber haben selbst einen beeindruckenden Fuhrpark.

Die Kulisse ist grandios: Die Anlage liegt ein Stück fernab der Straße, dort aber breitet sich das riesige Steinbruchgebiet der Langenaltheimer Haardt aus, umgeben von großen Wäldern. Die Brüche rundum sind noch in Betrieb, dort werden wie eh und je Solnhofer Platten abgebaut. Geschäftsführer Rudolf Meerländer legt größten Wert darauf, dass Naturschutz in seiner Anlage großgeschrieben wird. Und er stellt auch klar: »Wir sind keine Rowdys, die auf Waldwegen durch den Wald jagen und Tiere oder Spaziergänger belästigen.«

Gäste sind im Offroadpark auch als Zuschauer herzlich willkommen. Und es besteht jederzeit die Gelegenheit, gegen ein überschaubares Honorar eine Runde auf dem Beifahrersitz bei einem erfahrenen Geländeexperten mitzufahren.

Adresse Untere Haardt 4, 91799 Langenaltheim | **Anfahrt** von der B 13 in Eichstätt über die Staatsstraße 2230 (Altmühltalstraße) bis Solnhofen, dort nach links zur Ortsmitte, über die Staatsstraße 2217 Richtung Langenaltheim, nach 3,5 Kilometern im Steinbruchgebiet »Langenaltheimer Haardt« nach rechts der Beschilderung zum Offroadpark (Schotterstraße) folgen | **Öffnungszeiten** unter www.offroadpark-langenaltheim.de, Achtung: gelegentlich geschlossene Veranstaltungen | **Tipp** Gleich um die Ecke an der Straße Richtung Langenaltheim befindet sich auf der rechten Seite die »Fossilfundstelle Solnhofener Plattenkalke«: Eine Informationstafel zeigt dem Besucher, dass er sich hier in einem von »Bayerns schönsten Geotopen« befindet.

73_Der Flughafen

Landeplatz für Spaceshuttles

Ein paar Kilometer außerhalb Ingolstadts liegt ein Ort, den schon die Kelten mochten: Manching. Heute eine Gemeinde mit gut 11.000 Einwohnern, war der Ort bereits im 3. Jahrhundert vor Christus besiedelt. Innerhalb der sieben Kilometer langen Stadtmauer befand sich ein Oppidum, eine stadtartige Großsiedlung, in der zwischen 5.000 und 10.000 Menschen wohnten und die eine der größten Siedlungen nördlich der Alpen war. Wer nun spotten mag, dass sich Manching seitdem nicht wesentlich weiterentwickelt hat, wird durch den imposanten Militärflugplatz im Osten der Gemeinde eines Besseren belehrt.

Es ist fast schon kurios, dass die Reste des Oppidums exakt 1939 Jahre im Boden überdauerten und erst beim Bau des Flugplatzes 1936 zum großen Teil weggeschoben wurden. Dass heute an so gut wie jedem Tag Männer mit Ferngläsern und Fotoapparaten am Zaun lauern, liegt aber weder an den Kelten noch an etwaigem weiblichen Militärpersonal. Die Kiebitze beobachten die Starts und Landungen der Militärflugzeuge, katalogisieren, fotografieren und stellen die so gewonnenen Erkenntnisse ins Internet. Der Sinn mag manchem verborgen bleiben, aber das soll an dieser Stelle auch nicht diskutiert werden.

Vor Jahren dagegen wäre es auch für militärisch Uninteressierte spannend gewesen. Immerhin hätte der Flugplatz durchaus Geschichte schreiben können. Er war als einer der Notlandeplätze für das amerikanische Spaceshuttle-Projekt vorgesehen. Hätte das Shuttle aufgrund eines defekten Antriebs nicht schnell genug an Höhe gewinnen können oder wäre es nicht in der Lage gewesen, an seinen Startplatz zurückzukehren, wäre es eventuell in Manching gelandet. Die Kiebitze wären außer sich gewesen vor Freude.

Neben den Militärmaschinen hebt heute auch die zivile Luftfahrt ab. Vor allem Audi nutzt den Flugplatz für seine Mitarbeitertransfers nach Wolfsburg, Neckarsulm oder Gjör.

Adresse Zur General Aviation 2, 85077 Manching | **Anfahrt** direkt an der B 16 zwischen Manching und Ernsgaden | **Öffnungszeiten** lediglich am jährlichen Flugtag | **Tipp** Das Museum Messerschmitt im Sicherheitsbereich des Flughafens. Es ist nur Freitagnachmittag geöffnet. Eine Anmeldung per Mail ist notwendig (flugmuseum-messerschmitt@airbus.com).

74 Anna Schäffers Grab

Ein Leidensweg zur Heiligkeit

Die Schreinerstochter Anna Schäffer aus Mindelstetten war, modern betrachtet, ein Pflegefall der höchsten Stufe. Sie war im Jahr 1901, im Alter von 19 Jahren, mit den Beinen in einen heißen Waschbottich voll mit Lauge geraten und fortan unter schlimmsten Schmerzen ans Bett gefesselt. Ihre Wunden wollten einfach nicht mehr heilen. Doch diese Frau ertrug ihr Leiden fast 25 Jahre lang mit einer ganz außergewöhnlichen Gottergebenheit. Fremden Menschen, die zu ihr ins Krankenzimmer nach Mindelstetten kamen, spendete sie Mut und Trost.

Als sie 1925 starb, galt sie vielen Katholiken aus der Gegend schon als verehrungswürdig, und der Ruf verbreitete sich, dass diese bescheidene, gottergebene Frau selbst vom Himmel aus noch Hilfe bot. Doch es dürfte kaum einer damit gerechnet haben, was 2012 auf dem Petersplatz in Rom geschah: Anna Schäffer wurde von Papst Benedikt XVI. heiliggesprochen.

Seitdem lohnt sich eine Reise in das Dorf Mindelstetten, das zuvor auf Fremde eher nicht eingestellt war. Die kleine Gemeinde im äußersten Südosten des Landkreises Eichstätt ist zum Wallfahrtsort geworden. Die Pfarrkirche, in der sich nach einer Umbettung der Sarkophag mit den Gebeinen der Heiligen befindet, wird jährlich von Tausenden von Pilgern besucht. Längst ist die Kirche erweitert worden. Und es ist ein großes Glück, dass das Geburtshaus von Anna Schäffer im Dorf noch steht und nun als Museum dienen kann: ein winziges Juraanwesen mit dem typischen steinernen Legschieferdach, in das einst eine kleine Werkstatt integriert war. Anna Schäffers Vater war Schreiner gewesen.

Das Geburtshaus ist übrigens das einzige Jurahaus, das im Dorf noch erhalten ist. Ein anderes Haus, das Hartl-Anwesen, in dem die Heilige die meisten ihrer Leidensjahre gemeinsam mit ihrer Mutter verbracht hatte, fiel dagegen vor Jahrzehnten der Spitzhacke zum Opfer. Wenn man's halt immer vorher wissen würde …

Adresse Kirchplatz, 93349 Mindelstetten, www.anna-schaeffer.de | Anfahrt A 9 Ausfahrt Denkendorf in Richtung Beilngries, nach 800 Metern rechts bis Pondorf, dort auf der B 299 bis Mindelstetten | Öffnungszeiten der Kirche täglich 7.30 – 19.30 Uhr | Tipp Im nahe gelegenen Markt Altmannstein befindet sich das Ignaz-Günther-Museum, das sich dem Werk des berühmten Bildhauers widmet. Günther war einer der wichtigsten Künstler des bayerischen Rokoko.

75 Der Besuchersteinbruch

Fossilienfunde garantiert

Ein Archäopteryx! Das wär's natürlich. Davon träumt jeder, der in den Besuchersteinbrüchen im Naturpark Altmühltal nach Fossilien schürft. Der Archäopteryx, der Urvogel – die berühmteste Versteinerung der Welt –, fand von den Steinbrüchen rund um Eichstätt seinen Weg in Museen in aller Welt.

Das Fossiliensuchen in eigens dafür ausgewiesenen Steinbrüchen ist zu einer der liebsten Beschäftigungen von Urlauberfamilien im Altmühltal geworden. Selbst bei glühender Hitze sitzen Groß und Klein mit Hammer und Meißel da und heben Schicht für Schicht die dünnen Kalkplatten vom Boden ab. Diese Platten bildeten vor 150 Millionen Jahren den Grund des Jurameers. In sie eingebettet findet, wer Glück hat, ein versteinertes Lebewesen aus der Urzeit: einen Fisch, einen Krebs, einen Ammoniten – oder einen gefiederten Kleinsaurier wie den Archäopteryx. Dass es mit dem Urvogel nichts wird, ist den meisten Besuchern klar. Aber auch ansonsten ist die Ausbeute manchmal ziemlich mager. Eine dünne Gräte hier, ein paar Tintenfischexkremente da. Nicht unbedingt Dinge, die man ins Museum stellen würde.

In einem Besuchersteinbruch auf der Hochfläche über dem Mörnsheimer Ortsteil Mühlheim sieht das anders aus: Er wurde von zwei begeisterten örtlichen Fossilien-Fans vor einigen Jahren auf eigene Faust eröffnet – und er erschließt eine Gesteinsschicht, in der sich Fossilien in Hülle und Fülle tummeln. So viele, dass die Betreiber den Besuchern eine Fundgarantie geben. Keiner muss mit leeren Händen nach Hause gehen. Der Bruch, so abgelegen er auch sein mag, lockt die Besucher von weither an. Sogar Johnny Depp soll schon hier nach Fossilien gefahndet haben.

Die Mühlheimer arbeiten dabei übrigens mit Universitäten und staatlichen Museen zusammen und haben Kooperationen geschlossen, damit die spektakulärsten Stücke auf jeden Fall der Wissenschaft zur Verfügung stehen.

Adresse 91804 Mörnsheim-Mühlheim, www.besuchersteinbruch.de | Anfahrt von der B 13 in Eichstätt über Staatsstraße 2230 (Altmühltalstraße) bis Mörnsheim-Altendorf, hier links ins Gailachtal abbiegen, über Mörnsheim nach Mühlheim, in Mühlheim nach links Richtung Tagmersheim, nach knapp einem Kilometer im Wald rechts (Ausschilderung folgen) | Tipp An der Einmündung des Gailachtals ins Altmühltal, beim Dörfchen Altendorf, liegt die kleine barocke Wallfahrtskirche Maria End. Verehrt wird als Gnadenbild eine spätgotische Figurengruppe, die den Tod Marias darstellt.

76 Das »jüdische« Rathaus

Wo König David Brautpaaren die Harfe spielt

Dass eine katholische Kleinstadt mitten in Bayern ein Rathaus ihr Eigen nennt, das vom Keller bis zum Dach jüdische Geschichte atmet, das gibt es wohl nur im schwäbischen Monheim: Da tagt der Stadtrat unter einem Stuckrelief, das zeigt, wie Abraham seinen Sohn Isaak opfern will. Und im kleinen Sitzungssaal zeigt Moses die Gesetzestafeln. Alles in Stuck, hie und da mit hebräischen Zitaten versehen. Wie kommt's?

In Monheim gab es bis in die Barockzeit eine kleine, aber florierende jüdische Gemeinde, und ums Jahr 1730 herum beschloss der Großkaufmann und Finanzier Abraham Elias Model, in diesem Städtchen ein repräsentatives dreigeschossiges Wohn- und Geschäftshaus bauen zu lassen. Model, ein enger Geschäftspartner der Markgrafen von Ansbach und der Grafen von Oettingen-Wallerstein und schließlich sogar offizieller »Hoffaktor«, sparte an nichts: Er ließ in seinem Haus einen Saal einrichten, und Künstler wurden beauftragt, Schlüsselfiguren der Bibel an den Decken darzustellen. Kein Zweifel: Da präsentierte sich ein selbstbewusster jüdischer Bürger, stolz auf seinen Erfolg und stolz auf seine Religion.

Doch das Glück war nur von kurzer Dauer: 1741 wurden alle Monheimer Juden ausgewiesen, die Missgunst ihrer katholischen Mitbürger war immer größer geworden. Abraham Elias Model zog ins benachbarte Städtchen Harburg, sein Haus am Monheimer Marktplatz verkaufte er an die Stadt. Die nutzte es unter anderem als Schule – und heute als Rathaus.

Die Stuckdecken aber, wiewohl dutzendfach mit Kalk überstrichen, blieben erhalten und überstanden erstaunlicherweise sogar die finstere Zeit des Nationalsozialismus. In den Jahren 1972 und 1994 ließ die Stadt Monheim die schönsten Decken restaurieren. Und so spielt heute Hochzeitspaaren, wenn sie sich im charmanten Trauungszimmer im Rathaus das Jawort geben, König David von der Decke aus die Harfe.

Adresse Marktplatz 23, 86653 Monheim | **Anfahrt** auf der B 2 nach Monheim (zwischen Donauwörth und Weißenburg), Ausschilderung Stadtmitte folgen, das Rathaus befindet sich am Marktplatz in der historischen Altstadt | **Öffnungszeiten** Mo–Fr 7.30–12.15 Uhr, Do 13–18 Uhr, die Räume mit den Stuckdecken werden auf Wunsch gern für Interessenten geöffnet | **Tipp** Etwa 4 Kilometer östlich von Monheim liegt der Ortsteil Warching: Das kleine Dorf ist berühmt für seine Motocross-Geländestrecke, auf der regelmäßig große Motorradrennen stattfinden.

77__Die Gleßbrunnen

Ein verwunschener Ort im Schuttermoos

Selbst bei schönstem Sonnenschein hat dieser Ort etwas Verwunschenes. Die Gleßbrunnen bei Wolkertshofen im Schuttertal gelten seit jeher als geheimnisvoll und respekteinflößend.

Äußerlich macht der Ort zunächst nicht viel her: Man fährt mit Auto oder Fahrrad erst einmal auf einer schmalen Betonstraße südwestlich von Wolkertshofen bis zu einer Informationstafel, geht dann zu Fuß auf einem zunehmend feuchter werdenden Wiesenweg Richtung Süden auf ein winziges Wäldchen zu, und dort verbergen sich, erreichbar über ein paar Trampelpfade, drei Teiche. Dicht eingewachsen und von Libellen umschwirrt, liegen die Teiche wie verwunschen da. Biber haben hier ihre Heimat, und seltene eiszeitliche Wasserläufer, die »Wasserhexen«, gibt es auch. Der Humus ringsum ist tiefschwarz, Moorerde, Moos, wie man hier sagt. In der Ferne kann man die Kirchtürme von Egweil, Wolkertshofen und Nassenfels sehen. Es ist ein stiller Ort.

Die Gleßbrunnen sind sogenannte artesische Quellen: 700 Liter glasklares Wasser pro Sekunde dringen hier ganzjährig mit zehn Grad Celsius aus der Erde. Die Weiher sind bis zu neun Meter tief. Ihre geologische Ursache haben die Quellen in 150 Millionen Jahre alten Riffen, die hier bis dicht an die Oberfläche reichen und in denen 1.000 Jahre altes Regenwasser von bester Qualität nach oben steigt. Kein Wunder, dass das nahe gelegene Ingolstadt schon vor Jahrzehnten das gesamte Gelände gekauft hat, um sich hier ein Trinkwasserreservoir zu sichern.

Die Einheimischen, so lässt sich aus den kaum genutzten Trampelpfaden folgern, kommen nach wie vor nicht häufig her. Vielleicht liegt es an der Sage vom ertrunkenen Bauern, der immer, wenn Hunger und Krieg drohen, bis zur Brust aus dem Wasser steigt und mahnt: »Leut, bet's!« Die Informationstafel jedenfalls stammt von Gleßbrunnen-Freunden aus weiter Ferne: von den »Wanderfreunden Leck e.V.« – aus Nordfriesland.

Adresse 85128 Nassenfels-Wolkertshofen | **Anfahrt** auf der B 13/16 von Ingolstadt Richtung Neuburg, 200 Meter nach dem Kreisel an der Gabel nach rechts bis Buxheim, dort links nach Wolkertshofen, gleich am Ortseingang links abbiegen (Am Domacker), dann nach rechts der Straße Am Wiesenweg folgen bis zum Dorfende, nach 200 Metern kommt eine Infotafel, ab hier Feldweg zu den Gleßbrunnen | **Tipp** Im Nachbarort Buxheim befindet sich in der Nähe des Einzelgehöfts Moosbauer der »Buxheimer Weiher«, ein beliebter Badesee.

78 Der Speckberg

Toplage für Neandertaler und Homo sapiens

Wer ein Faible für Orte hat, an denen einen der Atem der Geschichte streift, der muss auf den Speckberg: Wo sonst in Bayern lassen sich auf ein paar Quadratmetern 100.000 Jahre Menschheitsgeschichte spüren?

Der Speckberg ist ein kleines felsiges Plateau, das sich zwischen dem Markt Nassenfels und dessen Ortsteil Zell neben einem breiten Bach, der Schutter, erhebt: Im Schuttertal ist es sumpfig, nach Süden erstreckt sich wellig die Landschaft zum nahen Donautal. Das Plateau aber ist trocken und exponiert, mit bestem Blick auf Freund, Feind und Jagdbeute. Und es kommt noch besser: Ringsum findet sich im Boden der Schatz der Steinzeit: knallharter Hornstein, der beim Zerschlagen extrem scharfe Kanten bildet.

Archäologische Grabungen haben bewiesen, dass hier schon in der Altsteinzeit Menschen lebten: Neandertaler, der Homo sapiens – alle waren sie da, seit mindestens 100.000 Jahren. Unablässig fertigten sie Steinwerkzeuge, Faustkeile, Äxte, Messerklingen, Harpunen oder Pfeilspitzen. Die benachbarten Äcker sind übersät mit bearbeiteten Stein-»Abfällen«. Über alle Zeitalter hinweg herrschte Leben auf dem Speckberg. In der Eiszeit lauerte man hier Mammuts und Rentieren auf. Kelten und Römer ließen allerlei Alltagsdinge im Boden zurück. Dann wollte niemand mehr hier wohnen. Die Menschen aus den Nachbardörfern schlugen einen Steinbruch in eine Flanke. Der Schäfer zog mit seinen Tieren über die karge Weide.

Heute ist der Speckberg neben seiner historischen Bedeutung ein bemerkenswertes, aber bedrohtes Biotop: Auf dem felsigen Untergrund leben Tiere und Pflanzen, die sich sonst eher im Gebirge wohlfühlen, und weil kein Schäfer mehr unterwegs ist, droht dem Gelände die Verwaldung. Das wäre ein Jammer. Denn nur auf dem mageren, struppigen Rasen kommt beim Besucher der Eindruck von eiszeitlicher Steppe auf, den schon die allerersten Siedler hatten, wenn sie hier lagerten.

Adresse 85128 Nassenfels-Zell a. d. Speck | **Anfahrt** auf der B 13 bis Eitensheim, von Eitensheim Ortsmitte über Buxheim und Wolkertshofen nach Nassenfels, dort nach links zur Ortsmitte, Hauptstraße Richtung Neuburg folgen bis zur Speckmühle, direkt nach dem Sägewerk rechts in den Weiler Speckmühle abbiegen und auf der Teerstraße geradeaus fahren bis zum Speckberg | **Öffnungszeiten** jederzeit zugänglich | **Tipp** Am Ortseingang von Zell a. d. Speck liegt auf der rechten Straßenseite ein kleiner Soldatenfriedhof mit 18 Gräbern deutscher Soldaten, die beim Einmarsch der Amerikaner im April 1945 in Zell ums Leben gekommen sind.

79_Der Weinberg

Ein Jugendtraum wird wahr

Wenn ein Jugendtraum wahr werden soll, ist meist eine Portion Kampfgeist, Beharrlichkeit und Leidenschaft nötig. Josef Tremml hat alle drei Eigenschaften in sich vereinigt und damit im Naturpark Altmühltal etwas ganz Besonderes geschaffen: den kleinsten Weinberg Bayerns. Und einen kleinen grünen Traum, in dem Verkostungen, Seminare und ein Lehrpfad Urlaubsatmosphäre schaffen. Ganz abgesehen vom Blick ins Tal, der selbst den Einheimischen einen erstaunlich anderen Blick auf ihre Heimat eröffnet.

Nur ein paar Kilometer außerhalb hatte Tremml 1991 den perfekten Platz für seinen Weinberg gefunden. Ein Grundstück, auf dem bereits bis zum Jahr 1780 Trauben angebaut worden waren. Na ja, ein bisschen verwildert war es, dafür war viel Leben vorhanden. Vor allem unter der Erde, wo Wühlmäuse in den ersten Jahren völlig begeistert über die Abwechslung vom sonst eher drögen Speiseplan waren und die Wurzeln der Weinreben genossen.

Aber wer kurz vor der Verwirklichung eines Jugendtraumes steht, lässt sich nicht so leicht aufhalten. Zwei Jahre später kelterte Tremml die ersten Trauben, absolvierte elf Jahre später die Nebenerwerbswinzerausbildung, und dann ging es so richtig los. Tremml bewirtete mit Begeisterung seine Gäste an dem kleinen Hüttchen mitten im Weinberg, die Stadt Neuburg erteilte eine Ausschankgenehmigung und erlaubte den Bau eines Toilettenhäuschens. Doch wie meist, wenn einer etwas völlig Neues wagt, gibt es etliche Neider. Die weit entfernten Nachbarn störte der Verkehr durch die anfahrenden Autos.

Längst ist ein Kompromiss gefunden. Tremml kann die Gäste nur zu bestimmten Zeiten mit seinem Wein und Brotzeiten bewirten und darf nur eine relativ geringe Anzahl an Stöcken für den Weinanbau setzen, dafür hat Neuburg nun eine Akademie mehr. Die »Weinakademie«, deren Ziel es ist, das historische Handwerk des Weinanbaus in Neuburg wieder zu beleben.

Adresse 86633 Neuburg an der Donau, der Weinberg ist von der Kraftwerkstraße nach Norden hin gut zu sehen | **Anfahrt** Von Neuburg kommend auf der Monheimer Straße nach Bittenbrunn, Parkmöglichkeiten an der Grotte (beschildert) oder Richtung Staustufe (Eulatalstraße), von dort aus zu Fuß oder mit dem Fahrrad | **Öffnungszeiten** Anfang Aug.–Ende Sept. So ab 14 Uhr, Tel. 08431/45953 oder mobil 0170/5112539 | **Tipp** Das Neuburger Schloss ist ein ungeahnt attraktiver Bau mit einer sensationellen Terrasse.

80_Die Weidenkirche

Eine Kathedrale aus Blättern

Von Kinderspielplätzen kennt man das schon lange: kleine Tipis, Tunnel oder Iglus, die aus lebenden Weiden bestehen. Die Weiden werden bündelweise in den Boden gesteckt, wachsen an und bilden im Lauf der Zeit wild wuchernd eine dichte Blätterwand samt Dach. Dass das alles auch ein paar Nummern größer geht, lässt sich in Pappenheim bestaunen: Dort steht eine 30 Meter lange Weidenkirche, die einzige in Bayern.

Die Weidenkirche ist ein Projekt der Evangelischen Jugend in Bayern, das mit rund 100 Teilnehmern in den Osterferien 2007 durchgeführt wurde. Das Gerüst besteht aus Stahlrohren, an denen in dicken Bündeln Weiden emporgeflochten sind. Der Boden ist gepflastert. Es gibt einen Altar aus einem grob behauenen Marmorblock, ein angerostetes Stahlkreuz und auch Sitzgelegenheiten. Den ganzen Sommer über finden hier immer wieder Gottesdienste statt, die eine ganz eigene Atmosphäre haben: unter freiem Himmel und doch geschützt, im ständigen Wechsel von Licht und Schatten, je nach Jahreszeit sattgrün, herbstlich-gelb oder auch ziemlich kahl (im Winter).

Die Botschaft ist unübersehbar: Kirche, so will der Weidenbau sagen, ist immer im Werden, stets in Veränderung, Kirche lebt, und Kirche ist offen. Und natürlich soll das Pappenheimer Bauwerk auch ein Bekenntnis zur Naturverbundenheit und ein Aufruf zum sorgsamen Umgang mit der Schöpfung sein. All das erschließt sich auch den eher zufällig vorbeikommenden Besuchern. Die sind zahlreich, denn der Altmühltal-Radweg verläuft direkt neben der Kirche. Viele bleiben stehen und staunen.

Für einen bundesweiten Superlativ allerdings reicht's nicht: In Rostock gibt es einen »Weidendom« – der den Pappenheimern als Vorbild diente. Der ist satte 52 Meter lang. Und in Kaiserslautern, in der Pfalz, gibt's auch eine Weidenkirche, ganz ähnlich dem Nachbau an der Altmühl. Fast möchte man sagen: Dasselbe in Grün.

Adresse 91788 Pappenheim | **Anfahrt** über die B 2 oder die B 13 oder von Osten kommend über die Staatsstraße 2230 (Altmühltalstraße), die Weidenkirche befindet sich am westlichen Ortseingang von Pappenheim im Wiesengrund und ist schon von der Ferne aus zu sehen | **Öffnungszeiten** jederzeit zugänglich | **Tipp** Das heute etwas verträumte Städtchen Pappenheim war historisch äußerst bedeutsam als Sitz der Erbmarschälle des deutschen Kaisers. Deren unübersehbar über dem Tal thronende Burg mit botanischem Garten, Natur- und Jagdmuseum und historischer Dauerausstellung ist zu Recht ein Besuchermagnet.

81 Das »Golddorf«

Die preisgekrönte Gründung der Pappenheimer Grafen

»Unser Dorf soll schöner werden« – jahrzehntelang elektrisierte der Wettlauf um den Titel des schönsten Dorfs im Regierungsbezirk oder gar im ganzen Freistaat die Ortschaften landauf, landab. Die ästhetische Leistungsschau wurde von Journalisten gern als »Blumenolympiade« geschmäht, ging es doch ursprünglich vor allem darum, die angereiste Jury durch ein Geranienmeer an Fensterbänken, Balkonen und Misthaufenmauern zu beeindrucken.

Heute geht es mehr um die grundsätzliche »Zukunftsfähigkeit« eines Dorfes. Schön soll es aber trotzdem sein. Und wer siegreich aus dem Wettbewerb hervorgeht, schmückt seine Ortseingänge selbstbewusst noch jahrzehntelang mit den holzgeschnitzten Hinweistafeln »Golddorf«.

Diese Tafeln finden sich – völlig zu Recht – in Göhren, einem 250-Seelen-Dorf, das zur Stadt Pappenheim gehört. Und Geranien hatten auf die Verleihung der Goldmedaille auf Bezirksebene im Jahr 2009 wohl nur bedingten Einfluss. Göhren ist einfach wunderschön – schon immer. Und das liegt an seiner Geschichte.

Es gibt auf der kargen, windigen Jurahöhe im Dreieck zwischen Altmühltal und Schambachtal mehrere Dörfer, die eine ganz ähnliche Gestalt haben: Neudorf, Geislohe, Osterdorf und Göhren. Sie alle wurden gegen Ende des 13. Jahrhunderts gezielt von den Grafen von Pappenheim angelegt. Es sind sogenannte Angerdörfer, in denen eine lange Reihe von kleinen Bauernhöfen einen Dorfanger umschließt. Auf diesem Anger finden sich der Dorfweiher (im Dialekt »Hüll« genannt), die Kirche und die Schule. Zu dieser klaren Struktur gehört auch, dass sich die Gärten und Felder der Bauern als lange Schläuche direkt hinter den Höfen erstrecken. Diese Struktur ist in Göhren besonders gut erhalten geblieben, zusammen mit ungewöhnlich vielen regionaltypischen Jurahäusern und dem zentral gelegenen ehemaligen Schul- und Gemeindehaus. Na ja, Geranien gibt's natürlich auch.

Adresse 91788 Pappenheim-Göhren | **Anfahrt** über die Bundesstraße 2 ab Kreuzung Dietfurt nach Pappenheim (Ortsmitte), von dort über die Kreisstraße WUG 11 auf die Jurahöhe nach Göhren | **Tipp** Im Wald nordwestlich von Osterdorf liegt der »Höllentrichter«. Es ist ein Dolinenfeld mit etwa 80 Gruben, über die Wasser im karstigen Gestein tief in die Erde abfließt.

82_Die Kelsbachquelle

Der Schicksalsort der Nibelungen

Unscheinbarer geht's nicht mehr: Am westlichen Rand des Pförringer Ortsteils Ettling liegt ein grünlicher, klarer Teich, ein wenig versteckt unterhalb der Straße. Ein hölzernes Wegkreuz kann als Markierung dienen. Informationstafeln gibt es keine. Und doch findet sich dieses fast kreisrunde Gewässer, die Kelsbachquelle, in der Weltliteratur. Schlag nach im Nibelungenlied.

Die Nibelungen, so steht da geschrieben, zogen vom Rhein zur Donau und von dort weiter stromabwärts an den Hof des Königs Etzel. Pech für die Reisegesellschaft: Die Donau, die sie bei Pförring (dem uralten Fährort »Faringa«) überqueren mussten, führte Hochwasser. Und der bayerische Fährmann hielt sich versteckt. Der zwielichtige Hagen von Tronje suchte nach dem Fährmann und stieß dabei auf einen Teich, in dem zwei Nixen badeten. Er stahl ihnen die Kleider und nötigte sie dadurch, ihm erstens in Sachen Fährmann behilflich zu sein und zweitens gleich noch die Zukunft vorherzusagen. Im Buch liest sich das in etwa so: »Er suchte nach dem Fergen, wider und dan. Er hörte Wasser gießen, lusen er began. In einem schönen Prunnen. Das taten weise Weib. Die chülten sich darinen. Und badeten ihren Leib.« Dieser »Schöne Brunnen« ist der Überlieferung nach die Kelsbachquelle, und dort erfuhr Hagen, dass vom ganzen Nibelungenheer nur ein einziger Mann überleben würde – der Kaplan. Hagen versuchte daraufhin, den Kaplan, einen notorischen Nichtschwimmer, in der Donau zu ertränken. Als aber der pitschnasse Priester lebend entkam, war klar: Die Weissagung stimmte, die Kelsbachquelle war der Schicksalsort der Nibelungen.

Weniger lyrisch betrachtet ist die Kelsbachquelle eine typische Karstquelle: Sozusagen mir nichts, dir nichts quellen hier aus dem Boden 160 Liter Wasser pro Sekunde und fließen nach Pförring zur Donau. Und von da immer weiter Richtung Ungarn, wo einst die Nibelungen ihr Ende fanden.

Adresse 85104 Pförring-Ettling | **Anfahrt** von der A 9 (Ingolstadt-Nord) über die B 16a nach Vohburg und von dort nach Pförring, in der Ortsmitte von Pförring auf der EI 34 Richtung Oberdolling; am Ortsende von Ettling Richtung Hagenstetten / Unterdolling liegt die Kelsbachquelle rechts von der Straße im Tal | **Tipp** Im nahen Großmehring findet sich am Dammweg 1 die »Nibelungenhalle«, eine moderne Mehrzweckhalle. Hier findet an mehreren Sonntagen im Jahr ein riesiger Flohmarkt für Modelleisenbahn-Freunde statt (www.ingolstaedter-modellbahnmarkt.de).

83__Der Bechthaler Weiher

Ein Badesee mit ruinösem Ausblick

Dieser Weiher ist eine Wucht! Und dass er auch an heißen Sommertagen nicht hoffnungslos von Badegästen belagert wird, ist allein seiner geografischen Lage zu verdanken. Der Bechthaler Weiher liegt an der Grenze zwischen den Landkreisen Eichstätt und Weißenburg-Gunzenhausen, ein wenig versteckt im ebenso idyllischen wie verträumt-verschlafenen Anlautertal. Aber gerade deswegen verspricht er Sommerfrische pur.

Auf der zaghaften Suche nach Möglichkeiten, das Anlautertal Ende der 1960er Jahre touristisch zu ertüchtigen, kam man auf die Idee, neben dem Dörfchen Bechthal einen kleinen künstlichen See mit Liegewiese und Grillplatz anzulegen. Gespeist wird der lang gestreckte Weiher von der munter danebenfließenden (und übrigens ziemlich kalten) Anlauter. Doch der See wärmt sich schnell auf, insbesondere in den flachen Randbereichen oder in dem eigens durch eine lange hölzerne Barriere abgetrennten Nichtschwimmerbereich. Ein kleiner Spielplatz mit Rutsche und Klettergerüst für die Kinder, eine ziemlich improvisierte Umkleidenische, eine gemauerte Grillstelle, mehr gibt es nicht. Dusche? Toilette? Fehlanzeige! Dafür eine riesige, sanft abfallende, immer gepflegte Wiese, die zum Sonnenbaden und Picknicken einlädt.

Die Menschen kommen auf Fahrrädern und Mopeds, fahren nach Feierabend noch schnell mit dem Auto herbei, um ein paar Runden zu schwimmen. Und über allem ragt zum Greifen nah aus tiefgrünem Fichtenwald die Burgruine der Herren von Bechthal. Wem das als Idyll immer noch nicht reicht, der kann darauf warten, dass ein Schäfer seine Herde an den Flanken des Anlautertals durchs Panorama treibt.

Der Weiher und seine Umgebung sind übrigens zu jeder Jahreszeit ein Erlebnis: Im Frühling zum Beispiel wimmelt das Ufer von Tausenden von Kröten, die hier ihren Laichplatz haben. Aber keine Sorge – bis zum Auftakt der Badesaison haben sie das Feld geräumt.

Adresse 91790 Raitenbuch-Bechthal | **Anfahrt** A 9 (Ausfahrt Altmühltal) durch das Anlautertal über Emsing und Titting nach Bürg, dort entweder rechts auf schmaler Straße durchs Tal oder geradeaus steil über Kesselberg bis zum Bechthaler Weiher | **Tipp** Nur einen Steinwurf vom Weiher entfernt, an der Straße Richtung Gersdorf, liegt die immer noch aktive Bechthaler Bergmühle der Familie Kössler mit ihrem Mühlenladen. Besonders populär ist das dort frisch gebackene Brot.

84 Die Burg Prunn

Wo das Nibelungenlied unbeachtet herumlag

Man muss kein Hobbyhandwerker sein, um zu wissen, dass alte Gemäuer stets ein reiches Füllhorn an Überraschungen bieten. Meist ungeliebte, manchmal aber auch verborgene Winkel, Schächte – oder alte Schriftstücke unter einem Holzboden. In Privathäusern dürften es meist alte Zeitungen sein, in Burgen ist schon ein bisschen mehr zu erwarten. Wie bei der Burg Prunn im Altmühltal.

Im Jahr 1566 tauchte dort völlig unerwartet eine Handschrift des Nibelungenliedes auf. Der Geschichtsschreiber und Hofrat von Herzog Albrecht V., Wiguläus Hund, stieß nach dem Tod des letzten Fraunberger Grafen auf das berühmte mittelhochdeutsche Heldenepos. Der »Prunner Codex« war die viertälteste vollständige Handschrift, die jemals gefunden wurde. Schon damals war das eine Sensation, und zudem im Nachhinein der Beweis, dass die Burg im späten Mittelalter auch kulturell von überregionaler Bedeutung war.

Die Lage ist perfekt. Hoch über der Altmühl, auf einem Jurafelsen gelegen, wirkt Burg Prunn wie das Idealbild einer Ritterburg. Der Blick von den Mauern weit über das Tal ist heute noch grandios. Aber auch die gotischen Räume und Säle der Burg sind aufgrund ihrer Bauweise und der immer wieder faszinierenden Ausblicke sehenswert. Rätselhaft bleiben Wissenschaftlern nach wie vor die Fragmente spätgotischer Wandmalereien, die Burgdarstellungen zeigen, die bisher weder Prunn noch anderen Burgen zugeordnet werden konnten.

Von der Abschrift des Nibelungenliedes ist lediglich eine Kopie in Prunn, das Original lagert in der Bayerischen Staatsbibliothek in München. Dafür wurden die Räume 2012 umgestaltet und verknüpfen nun in der Dauerausstellung »Burg Prunn und das Nibelungenlied« Motive des Nibelungenlieds mit der Historie des Bauwerks und dem Leben seiner Bewohner. Sehr reizvoll und ein ganz besonderer Ansatz für eine Ausstellung mit einem sagenhaften Thema.

Adresse Schlossprunn 1, 93339 Riedenburg | **Anfahrt** von der B 16 in Untersaal auf die KEH 38, die in die Staatsstraße 2230 übergeht, nach Prunn folgen und dann den Hang hinauffahren | **Öffnungszeiten** 15. März–31. Okt. 9–18 Uhr, ansonsten 10–16 Uhr, im Winter jeweils Mo und am 24., 25., 31. Dez. sowie am 1. Jan. geschlossen | **Tipp** Direkt unterhalb von Prunn ist im Tal neben dem Kanal der einstige Lauf der Altmühl zu sehen – und damit ein Eindruck, wie sehr sich das Altmühltal durch den Kanalbau verändert hat.

85 Das Kristallmuseum

Die größte Bergkristallgruppe der Welt

Harmonisch liegt Riedenburg rechts und links des Main-Donau-Kanals, Flusskreuzfahrtschiffe ankern an den Kais, Touristen flanieren an der Promenade. Ein stimmiges Bild, das dennoch nichts verrät von dem Highlight, das sich hier verbirgt: die größte Bergkristallgruppe der Welt.

Wer nun meint, in den Jurafelsen rund um Riedenburg würde es von Kristallen nur so wimmeln und sich mit Hammer und Meißel auf den Weg macht, wird erfolglos zurückkehren. Der 7,8 Tonnen schwere Kristall, der gewaltige sechs Quadratmeter groß und 1,5 Meter hoch ist, wurde 1981 in den USA im Westen von Arkansas entdeckt. In einer hochkomplizierten Bergungsaktion gelang es, das Fundstück aus dem Stein zu meißeln.

Letztlich ist die Geschichte des Museums die Geschichte eines Lebenstraumes. Die Geschichte einer Verrücktheit, die zeigt, dass das Glück oft nur mit Euphorie und Begeisterungsfähigkeit zu fassen ist. Sabine Scholz-Veits leitet das Museum, das ihre verstorbenen Eltern Ursula und Erhard Anfang der 1980er Jahre gründeten. Sie erzählt, wie ihre Eltern, eigentlich Besitzer eines Haushaltswarengeschäftes, den gewaltigen Quarz in einer Auktion in München entdeckten. »Das wär doch was für uns«, sagte Erhard, und seine Frau nickte verzückt. Der beeindruckende Kristallriese war der Startschuss für das heutige Museum. Es enthält inzwischen auch einen Raum mit leuchtend farbigen Turmalinen (Guinness-Buch der Rekorde 1995) und die weltgrößte Replikat-Sammlung berühmter historischer Diamanten (Guinness-Buch der Rekorde 1994). Selbst der Fußboden besteht aus Hunderttausenden von winzigen, echten Edelsteinchen.

Trotzdem bleibt der Rekord-Quarz der Star des Museums. Unverkäuflich ist er – selbst eine Million Euro schlug die Museumsleiterin aus. Unfassbar: Ein Scheich aus dem Oman wollte sich doch tatsächlich eine Badewanne aus dem Quarz schleifen lassen.

Adresse Bergkristallstraße 1, 93339 Riedenburg | **Anfahrt** von der B 299 in die E 218, die in die KEH 1 übergeht, fahren, in Riedenburg ist das Museum gut ausgeschildert | **Öffnungszeiten** April – 30. Sept. täglich 9 – 18 Uhr, März, Okt. 9 – 17 Uhr, Allerheiligen 10 – 16 Uhr, an den Adventswochenenden (Sa, So) 11 – 16 Uhr, am 26., 29., 30. und 31. Dez., 1. und 2. Jan. 11 – 16 Uhr, Eintrittspreise 4 Euro, Kinder 2,80 Euro, Familienkarte 10,50 Euro | **Tipp** Von Riedenburg lohnt ein Ausflug zur Befreiungshalle in Kelheim. Einst errichtet zum Andenken an die Schlachten gegen Napoleon, ist der Blick hinunter auf Kelheim einzigartig.

86 Der Ludwig-Donau-Main-Kanal

Wo Bier wichtiger war als der Welthandel

Der Ludwig-Donau-Main-Kanal ist ein Ort für Romantiker. Meist sind heute nur noch Teile davon zu sehen. Oft längst zu Biotopen mutiert, mit hohem Gras an den Ufern. Frösche quaken, Libellen surren über die Wasseroberfläche, Schmetterlinge tummeln sich. Perfekte Plätze, um mit seiner Liebsten die Decke auszubreiten, einen Grashalm in den Mund zu stecken und in die Sonne zu blinzeln.

Kaum jemand weiß heute noch, dass das stille Gewässer, das zwischen Beilngries und Nürnberg in weiten Teilen erhalten ist, ein globales Projekt war. Es sollte den weltumspannenden Handel vom russischen Zarenreich bis zum englischen Empire beleben. König Ludwig I. von Bayern hatte die Vision und das nötige Kleingeld, die Trasse zwischen Bamberg und Kelheim in Angriff zu nehmen. Ein gewaltiges Projekt: So erschien den Baumeistern die Strecke durch das sumpfige Ottmaringer Tal zu schwierig. Alternativ wurden Passagen entlang des westlichen oder des östlichen Berghanges bei Beilngries erwogen. Doch das hätte die an den Hängen liegenden Bierkeller bedroht. Ein Sakrileg in Bayern, daher führten die Bauarbeiten doch durch das sumpfige Moor.

Von 1834 bis 1846 gruben rund 6.000 Arbeiter an dem neuen Flussbett, das 16 Meter breit und gut eineinhalb Meter tief war. 100 Schleusen wurden gebaut, die von 55 Schleusenwärtern gewartet wurden, 66 Kanalhäuser und acht Häfen. Es entstand die viertlängste Wasserstraße Deutschlands. Ganz besonders reizvoll: Einige der Kanalhäuser entwarf der königliche Baumeister Leo von Klenze.

Das Ende kam 1950. Da der Main-Donau-Kanal im Zweiten Weltkrieg stark beschädigt wurde und eine Rekonstruktion zu teuer erschien, wurde er aufgegeben. Es blieben kürzere und längere Streckenabschnitte – und die Treidelwege an den Ufern, auf denen einst die Schiffe mit ihrer Ladung von Pferden vorwärtsgezogen wurden.

Adresse Zwischen Ottmaring und Beilngries sind überall Abschnitte des historischen Kanals erhalten. | **Tipp** In der Kirche St. Ottmar wurden bei Renovierungen Wandmalereien aus dem Jahr 1516 entdeckt. Das Kirchlein in Ottmaringen ist auch aufgrund seines mittelalterlichen Turmes und des barocken Langhauses eine Besonderheit.

87 Das Walderlebniszentrum

Abenteuerpfad mit dem Segen des TÜV

Es ist ein bisschen kurios, dass es ausgerechnet im Naturpark Altmühltal ein staatliches Walderlebniszentrum gibt. Eigentlich sind solche Einrichtungen in der Nähe von Großstädten angesiedelt, damit die ahnungslosen Stadtkinder lernen, wie wunderbar ein Wald ist. Im forstreichen Altmühltal, wo es gefühlt in jeder dritten Gemeinde einen Waldlehrpfad gibt, muss man das den Kindern eigentlich nicht erklären. Aber es schadet nicht. Und das Walderlebniszentrum ist, jenseits aller pädagogischen Bemühungen, einfach ein wunderbarer Abenteuerspielplatz. Auf einem langen Pfad, gekennzeichnet mit einem blauen Wolf, reiht sich Station an Station. Die berüchtigtste Herausforderung für Furchtlose war dabei in der Vergangenheit, sich an einem langen Seil über einen flachen Tümpel zu schwingen. Irgendwann kam allerdings der TÜV – und stellte rasch fest, dass die Tarzan-Nummer für deutsche Verhältnisse entschieden zu gefährlich war. Diese Attraktion fiel also aus dem Programm.

Man muss sich aber nicht allzu sehr darüber grämen, es bleiben noch genug Herausforderungen auf der der Strecke für die eineinhalb Stunden einzuplanen sind. Da gibt es zum Beispiel diverse Balancierbalken, ein Labyrinth im dichten Unterholz oder Kletternetze aus dicken Seilen – und sogar noch einen zweiten Tümpel: Den kann man stehend mit Hilfe mehrerer aufgespannter Seile sicher überqueren. Wer solcherlei Aktivitäten für Kinderkram hält, sollte wissen: Jeder bayerische Jungpolizist muss im Rahmen seiner Ausbildung ins Walderlebniszentrum Schernfeld. Da klettern die jungen Beamten dann (angeseilt) im Rahmen von Teambuilding-Maßnahmen in schwindelnde Baumwipfelhöhen.

Neben dem Abenteuerspielpfad quer durch den tiefen Wald gibt es noch einen zweiten Rundweg, eine »Naturentdeckungsreise«, erkennbar an Symbol einer roten Fledermaus. Dieser Pfad erschließt sich aber nur mit einem Führer.

Adresse 85132 Schernfeld | **Anfahrt** auf der B 13 von Eichstätt Richtung Weißenburg, am Verkehrskreisel auf der Jurahöhe nach Schernfeld fahren, im Ort (vor Elektro Beck) rechts der Ausschilderung folgen, nach einem Stück Schotterstraße durch den Wald kommt der Besucherparkplatz, www.walderleben.de | **Öffnungszeiten** jederzeit zugänglich | **Tipp** Am Auftakt des Lehrpfads direkt an der Schotterstraße rechts nicht die original historische Wolfsfalle verpassen. Es ist eine Art tiefer Brunnen (ohne Wasser), in den mit Hilfe einer festgebundenen lebenden Ziege vor Jahrhunderten Wölfe gelockt und dann getötet wurden.

88 Das Wildschweingehege

Der Schrecken der Jurawälder ganz zahm

Es gibt sie zu Tausenden in den Wäldern des Altmühltals – doch kaum einmal bekommt man sie zu sehen: die Wildschweine. Und das ist gut so, denn die Schwarzkittel sind nicht nur äußerst intelligent, sondern auch hochgefährlich. Eine Begegnung in freier Wildbahn ist tunlichst zu vermeiden. Wildschweine haben den legendären Ruf, das »letzte wehrhafte Wild« in Bayern zu sein, eine Bache mit einer Schar gestreifter Frischlinge im Schlepptau reagiert auf arglose Passanten in aller Regel mit ungebremster Angriffslust. Wer Wildschweine sehen will (und zwar keine ausgestopften Keilerköpfe an der Wand einer Wirtsstube), muss zum sogenannten Geländer.

Geländer ist der Name eines Gasthofs, der ganz für sich direkt neben der Bundesstraße 13 auf einer großen Waldlichtung liegt. Seit einem halben Jahrhundert schon gehört zu diesem beliebten Ausflugslokal mit Biergarten und großem Kinderspielplatz ein weitläufiges Gehege, in dem sich eine Rotte Wildschweine tummelt. Die Schweine sind an Menschen gewöhnt und warten schon darauf, dass sie von den Besuchern mit Leckereien verwöhnt werden, die man aus einem Futterautomaten ziehen kann. Es gibt eine hölzerne Beobachtungsplattform, und rund um den Zaun verlaufen Wanderwege. Je nach Jahreszeit wuseln gestreifte Frischlinge neben den Bachen her, und nur ab und an schallt lautes Quieken durch den Wald, wenn sich die Bachen mit dem Keiler namens »Simmerl« um Futter streiten.

Geländer-Wirt Karl Feierle hat sein riesiges Areal im Laufe der Jahre noch durch ein Gehege für Rehe und einen kleinen Streichelzoo mit Ziegen und Hängebauchschweinen erweitert. Wer dann immer noch nicht genug Tiere gesehen hat, für den hat der Wirt ein ganzes Nebengebäude mit 800 Tierpräparaten in Altmühltaler Landschaft eingerichtet: die »Tiererlebniswelt Altmühltal«. Ausgestopfte Tiere, wohin das Auge blickt – das ist natürlich Geschmacksache.

Adresse Geländer 1, 85132 Schernfeld-Geländer, Tel. 08421/937770 | **Anfahrt** auf der B 13 von Eichstätt in Richtung Weißenburg, etwa 2 Kilometer nach Rupertsbuch nach rechts zum Geländer abbiegen | **Öffnungszeiten** Das Wildschweingehege ist jederzeit zu besichtigen – aber nicht zu betreten! Waldgasthof Geländer: Mo Ruhetag | **Tipp** Nur ein paar hundert Meter weiter entlang der B 13 Richtung Eichstätt liegt das »Freizeit-Camp am Ferdinandshof«. Hier gibt es eine öffentliche Minigolfanlage mit 18 Bahnen (www.freizeitcamp-eichstaett.de).

89 Der Archäopteryx

Berühmter Vogel mit mysteriöser Vergangenheit

Der erste Eindruck ist: enttäuschend. Das also soll das berühmteste Fossil der Welt sein? Dieses mickrige, allenfalls hühnergroße Gerippe, in eine ockerfarbene Kalksteinplatte reingepresst, soll tatsächlich so bekannt sein wie, sagen wir mal, der Tyrannosaurus Rex?

In der Tat: Den Urvogel Archäopteryx kennt fast jedes Kind. Und deswegen ist für Altmühltalbesucher eine Visite beim Archäopteryx Pflicht. Das Jura-Museum auf der Eichstätter Willibaldsburg besitzt ein Exemplar. Das Bürgermeister-Müller-Museum im Rathaus von Solnhofen aber bietet sogar zwei: Das eine, ziemlich schwer identifizierbar, überlassen wir mal den Wissenschaftlern von der Paläontologen-Fraktion. Das zweite aber, ein wunderbar erhaltenes Prachtstück, ist ein »Muss« – nicht zuletzt wegen seiner mysteriösen Fundgeschichte.

Die Fossilien, die beim gewerblichen Abbau von Kalkplatten in den Steinbrüchen ebenso regelmäßig wie überraschend zutage treten, gehören vertragsgemäß dem Steinbruchbesitzer. Dessen Kontrollmöglichkeiten über die Arbeiter sind freilich sehr beschränkt, weswegen es einen florierenden Schwarzmarkt für Fossilien gibt. Die heißeste Ware auf diesem Markt ist: ein Archäopteryx.

Ein Eichstätter Steinbruchbesitzer allerdings hatte scheinbar herausgefunden, dass genau ein solches Tier von einem seiner eigenen Arbeiter unterschlagen und auf verwinkelten Wegen ins Solnhofener Museum gelangt war. Es kam zu einem bundesweit beachteten Rechtsstreit durch viele Instanzen – mit wechselnden Ergebnissen. Am Ende durften die Solnhofener ihren Archäopteryx als rechtmäßiges Eigentum behalten. Und sie präsentieren ihn voller Stolz, zusammen mit unzähligen weiteren spektakulären Fossilien, die im Laufe von Jahrhunderten in den Kalkplattenschichten des Altmühltals aufgetaucht sind. Die mysteriöse Fundgeschichte ihres ganz speziellen Vogels freilich hängen sie nicht an die große Glocke.

Adresse Bürgermeister-Müller-Museum, Bahnhofstraße 8, 91807 Solnhofen, www.museum-solnhofen.de | **Anfahrt** von der B 13 in Eichstätt über die Staatsstraße 2230 (Altmühltalstraße) bis Solnhofen, dort nach links zur Ortsmitte, über die Bahngleise, unmittelbar danach links in die Bahnhofstraße | **Öffnungszeiten** 1. April–31. Okt. täglich 9–17 Uhr, 1. Nov.–31. März So 13–16 Uhr | **Tipp** Das Jura-Museum auf der Eichstätter Willibaldsburg ist Pflicht, auch wenn man schon in Solnhofen war. Die Eichstätter zeigen dort neben dem Archäopteryx auch das weltweit einzige Exemplar des Raubsauriers »Juravenator« und präsentieren in einem großen Meerwasseraquarium die Tier- und Pflanzenwelt der Korallenriffe.

90 _ Das Senefelder-Denkmal

Ein fast vergessenes Weltmonopol

So vergeht der Ruhm der Welt: Mitten in Solnhofen, gleich neben der Kreisstraße, die hinaufführt in die Kalksteinbrüche, steht als steinernes Denkmal Alois Senefelder, der Erfinder der Lithografie. Wer jetzt einen Moment lang nicht weiß, was Lithografie ist, muss sich nicht schämen: Es handelt sich um ein fast vergessenes Druckverfahren, das heute nur noch von ganz wenigen Künstlern verwendet wird. Einst aber machte es die Gegend um Solnhofen weltberühmt.

Alois Senefelder hatte 1796 entdeckt, dass sich die Kalksteinplatten aus den Solnhofener Steinbrüchen als Druckvorlage verwenden lassen: Zeichnet oder schreibt man spiegelverkehrt mit Fettstift auf diese Steine und lässt ihnen dazu noch ein kompliziertes Imprägnierungsverfahren angedeihen, dann kann man damit im Flachdruckverfahren Tausende von Kopien herstellen. Bis dahin hatten sich Künstler und Komponisten mit sündteuren Kupferstichen abplagen müssen. Senefelders Erfindung war eine Revolution: In aller Welt entstanden Lithografie-Anstalten. Solnhofen und die umliegenden Dörfer aber hatten auf wundersame Weise ein Weltmonopol: Fürs Drucken eignete sich einzig und allein »ihr« Stein.

Das Solnhofener Senefelder-Denkmal stammt aus diesen goldenen Zeiten – und stand ursprünglich in Paris, im Salon des steinreichen Lithografen Alfred Léon Lemercier. Als dessen Firma 1901 in Konkurs ging, ersteigerte der Direktor des Solnhofener Aktienvereins das Denkmal und ließ es 1904 feierlich in Solnhofen aufstellen. Da ahnte noch keiner, dass dem florierenden Geschäft mit den steinernen Druckplatten nur noch ein paar Jahre vergönnt waren: 1912 war das viel billigere Offset-Druckverfahren mit Aluminiumplatten serienreif und versetzte der Lithografie in kurzer Zeit den Todesstoß. Alois Senefelder aber steht in Solnhofen immer noch stolz auf seinem Denkmalsockel – wie übrigens auch in Berlin und München.

Adresse Senefelder Straße, 91807 Solnhofen | **Anfahrt** von der B 13 in Eichstätt über die Staatsstraße 2230 (Altmühltalstraße) bis Solnhofen, dort nach links zur Ortsmitte, über die Bahngleise und geradeaus noch 150 Meter bergauf, Solnhofen hat auch einen Bahnhof | **Tipp** Nur ein paar Meter neben dem Denkmal befinden sich – unter einem modernen Schutzdach – die ausgegrabenen Reste der karolingischen Sola-Basilika.

91 Das »Geschichtsdorf«

Schöner Wohnen anno dazumal

Hauptsache, ein Dach überm Kopf: Im Geschichtsdorf Landersdorf bei Thalmässing können Besucher hautnah erleben, wie unsere Vorfahren in der Jungsteinzeit, in der Keltenzeit und zur Zeit der Bajuwaren rund ums Altmühltal hausten. Direkt am Ortsrand sind Gebäude aus diesen drei Epochen originalgetreu rekonstruiert. Der Besucher kann zwanglos ein- und ausgehen, das Gelände ist rund um die Uhr offen. Irgendwo stehen ein paar kanonenrohrförmige Lehmteile herum, ein wenig Schlacke liegt daneben. Es sind »Rennöfen«, mit denen die Kelten aus Erz das Eisen herausschmolzen – immer wieder gibt es im Geschichtsdorf Vorführungen. Da gibt es reetgedeckte Dächer, wie sie heute nur noch an der Nordseeküste zu sehen sind, Bohlenwände aus der Jungsteinzeit wie in einem kanadischen Blockhaus, mit Lehm verputzte Flechtwände aus Haselnussstecken (Keltenzeit), robuste hölzerne Türen, offene Feuerstellen, hühnerleiterartige Steighilfen … ein Eldorado nicht nur für wissbegierige Kinder.

Außerdem ist auf dem Gelände ein vorgeschichtlicher Garten angelegt. Hier wachsen alte Getreidesorten wie Einkorn und Emmer, Hülsenfrüchte und Heilpflanzen. Träger der Anlage ist ein Verein, der jedes Jahr am dritten Septembersonntag ein Keltenfest veranstaltet.

Das Geschichtsdorf ist Teil des Gesamtkonzepts »Fundreich Thalmässing«. Dazu gehören das moderne archäologische Museum am Marktplatz in Thalmässing, das viel Wert auf »Mitmach-Elemente« legt, und ein archäologischer Wanderweg. Der Wanderweg wiederum ist in drei Rundwanderwege gegliedert, die sich Steinzeit, Kelten oder Bajuwaren vornehmen. Die Gesamtstrecke für den, der gar nicht genug bekommen kann, beträgt 16 Kilometer. Der Besucher kann also locker einen ganzen Tag im »Fundreich Thalmässing« verbringen, in einer wunderbar gegliederten Landschaft zwischen Berg und Tal, die schon seit Jahrtausenden den Menschen Heimat ist.

Adresse 91177 Thalmässing-Landersdorf, www.fundreich-thalmaessing.de | Anfahrt über die A 9, Ausfahrt Greding, in Greding links in Richtung Innenstadt und dann an der Ampel links Richtung Thalmässing, kurz vor Thalmässing auf die RH 33 links nach Landersdorf abzweigen; in Landersdorf Beschilderung »Geschichtsdorf« zum südöstlichen Ortsrand folgen | Öffnungszeiten jederzeit frei zugänglich | Tipp Im Thalmässinger Ortsteil Dixenhausen liegt der aus Funk und Fernsehen bekannte »Bärbels Garten«, ein herrlicher Vorzeigegarten, der Besuchern regelmäßig bei öffentlichen Führungen offen steht.

92_Die Kriegsgräberstätte

Wo die Erinnerungen langsam verblassen

23.2.1945, 23.2.1945, 23.2.1945 … Schier endlos sind die Reihen der kleinen, quadratischen, in Ton gebrannten Platten, auf denen ein Name mit einem Geburtsdatum steht – und dazu der immer gleiche Todestag. Jener sonnige Freitag im Februar des Kriegsjahres 1945, als der Eisenbahnknotenpunkt Treuchtlingen von den Flugzeugen der Alliierten bombardiert wurde und 600 Menschen den Tod fanden, 300 davon in der Bahnunterführung, in der sie sich schutzsuchend zusammengedrängt hatten. Ihre letzte Ruhe haben sie und viele, viele andere Kriegsopfer aus ganz Bayern seit 1961 in der Kriegsgräberstätte am Nagelberg bei Treuchtlingen gefunden.

2545 Tote, geborgen aus Behelfsgräbern in 472 bayerischen Gemeinden, liegen hier begraben – in einer gepflegten, idyllisch am Waldrand gelegenen Friedhofsanlage am Hang. Spazierwege führen hin, eine niedrige Mauer grenzt das Areal ein. 21 Meter hoch ragt ein kupferner Turm in den Himmel. Der Ausblick in die gewellte fränkische Landschaft ist beeindruckend. Es ist ein friedlicher Ort. Doch wenn man im Gästebuch blättert, sieht man auch: Es kommen nur noch wenige Besucher. Bei der Einweihung 1961 war das noch ganz anders gewesen: 25.000 Menschen hatten damals teilgenommen, viele von ihnen, um ihren Angehörigen die Ehre zu erweisen. 5.000 Brieftauben stiegen in den Himmel, als Symbol des Friedens.

Man muss sich einlassen auf diesen Ort, und wenn es nicht gerade ein völlig grauer, regnerischer Novembertag ist, wird der Besucher nicht von Tristesse heimgesucht. Er kann seinen Gedanken über das Leben und über den Tod nachhängen, kann sich darüber freuen, dass schon so lange Frieden herrscht und dass die meisten Menschen in Deutschland allen Grund hätten, rundum zufrieden zu sein. Still ist es. Nur drunten im Tal fährt ein Zug zum nahen Treuchtlinger Bahnhof – zu jenem Ort, der so vielen Menschen den Tod brachte.

Adresse Am Nagelberg, 91757 Treuchtlingen | **Anfahrt** auf der B 2 zwischen Dettenheim und Dietfurt nach Treuchtlingen abbiegen, in Treuchtlingen am Kreisel bei der Altmühltherme rechts bis zur Kreuzung Bahnhofstraße/Elkan-Naumburg-Straße, hier nach rechts und immer geradeaus entlang der Bahnlinie bis zu einer Kreuzung, die links nach Graben und rechts hinauf zur Kriegsgräberstätte führt | **Öffnungszeiten** jederzeit frei zugänglich | **Tipp** Am Südhang des Nagelbergs liegen direkt neben dem Weinbergshof die rekonstruierten Grundmauern eines römischen Gutshofes, einer villa rustica.

93_Das Miniaturland

Wo sich die Eisenbahnerstadt ganz klein macht

Öffentliche Modellbau-Eisenbahnanlagen galten eine Zeit lang als etwas muffige Angelegenheit. Als Orte, an denen Großväter mit leuchtenden Augen, aber rührender Vergeblichkeit versuchten, ihre Enkel für die filigrane Welt von Märklin & Co. zu begeistern. »Ach, Opa …« Dagegen hilft nur ein Mittel: schiere Größe!

Den Titel der »größten Modelleisenbahn der Welt« hat zwar uneinholbar das berühmte »Miniaturwunderland« in Hamburg, aber was Bernhard Fackler in Treuchtlingen bietet, spielt auf jeden Fall in der Modellbau-Bundesliga. Es ist eine der zehn größten Modelleisenbahnanlagen Deutschlands, entstanden ist sie 2004, und bis heute wird sie ständig erweitert. Die Anlage steht in einer unscheinbaren ehemaligen Fabrikhalle. Aber hinter den schlichten Mauern hat Fackler wirklich was zu bieten: Das zentrale Miniaturgelände – neben dem sich noch etliche kleinere Anlagen gruppieren – umfasst 250 Quadratmeter.

Es ist eine riesige Landschaft, durch die unablässig Züge rollen, in Tunneln verschwinden, andernorts wieder auftauchen, Flüsse überqueren, Fachwerkstädte passieren. 28 Züge stehen zur Verfügung, 1.200 Waggons können angekoppelt werden, 380 Meter Gleis sind verlegt. Ein typischer Steinbruch des Altmühltals ist nachgebildet, die Feuerwehr löscht ein brennendes Haus, Blaulicht blinkt. »Wir sind immer noch am Bauen«, sagt Fackler. Sein handwerkliches Geschick ist unübersehbar, von Haus aus ist er Büromaschinenmechaniker. Inzwischen aber betreibt er das Miniaturland hauptberuflich. Da hat ein Mann seinen Kindheitstraum wahr gemacht.

Und der Standort könnte nicht besser gewählt sein: Die Stadt Treuchtlingen ist – bei der echten Bahn – der zentrale Knotenpunkt zwischen den Großstädten Würzburg/München und Nürnberg/Augsburg. Vom Bahnhof zum Miniaturbahnhof sind es nur ein paar hundert Meter. Und wer genau hinhört, kann von der Halle aus die echten Züge hören.

Adresse Vorsicht: Ende 2019 Umzug. Bis dahin: Elkan-Naumburg-Straße 35, 91757 Treuchtlingen, www.miniaturland-treuchtlingen.de | Anfahrt auf der B 2 zwischen Dettenheim und Dietfurt nach Treuchtlingen abbiegen, dort am Kreisel an der Altmühltherme rechts bis zur Kreuzung Bahnhofstraße / Elkan-Naumburg-Straße, nach rechts bis zum Miniaturland | Öffnungszeiten Di – Do 13 – 17.30 Uhr, letzter Einlass 17 Uhr, Preise: Erwachsene 5 Euro, Kinder bis 12 Jahre 3 Euro | Tipp Zwischen Bahnhof und Altmühltherme in Treuchtlingen steht unübersehbar in einem kleinen Park eine prächtige Dampflokomotive, die Schnellzuglokomotive 01 220, aus dem Jahr 1937. Die Denkmal-Lokomotive wurde der Stadt 1969 zum 100-jährigen Bestehen des örtlichen Bahnhofs von der Bahn als Dauerleihgabe übergeben.

94_Der Karlsgraben

Wo der große Kaiser baden ging

Der Name des Dorfes ist Programm: Graben heißt der Ortsteil von Treuchtlingen, ein hübsches kleines Dorf, an der Bahnlinie Richtung Weißenburg gelegen. Ein 500 Meter langes, schmales Gewässer liegt hier am Ortsrand in nordöstlicher Richtung zwischen zwei riesigen von Wald bewachsenen Dämmen: der Karlsgraben. Wer gern ein bisschen Bildungshuberei betreibt, darf auch »Fossa Carolina« dazu sagen.

Der Karlsgraben wurde auf Befehl von Karl dem Großen im Jahr 793 ausgehoben. Als künstliche Wasserstraße sollte er die Schifffahrt zwischen Donau und Rhein möglich machen. Karls Ingenieure hatten herausgefunden, dass es von der Altmühl bei Treuchtlingen zur Schwäbischen Rezat bei Weißenburg nur ein Katzensprung war. Ein Kanal, zum Teil wohl auch eine Kette aus Weihern, sollte die Europäische Wasserscheide überwinden, sollte Nordsee und Schwarzes Meer verbinden. Die Überlieferung in den hochoffiziellen Reichsannalen besagt, dass die Sache nie zu Ende gekommen sei, obwohl Karl der Große höchstpersönlich an der Großbaustelle war. Die riesigen Wälle seien wegen Dauerregens immer wieder abgerutscht, bis der Kaiser das Projekt aufgegeben habe. Demnach wäre Graben der Ort, an dem Karl der Große baden ging.

Heutige Historiker glauben allerdings, dass der Kanal sehr wohl fertig wurde und eine Weile im Einsatz war – und die Archäologen sorgen dafür, dass auch nach 1200 Jahren am Graben immer noch gegraben wird – wenn auch diesmal aus Forschungsgründen. Für Nichtwissenschaftler: Auf den Wällen zur Rechten wie zur Linken kann man auf schmalen Pfaden einen wunderbaren Spaziergang machen. Es gibt Informationstafeln, die dem eiligen Besucher die wichtigsten Daten vermitteln. Und in den Sommermonaten ist in einem umgebauten Stadel im Dorf eine spannende und modern konzipierte Dauerausstellung rund um Karl den Großen und sein berühmtes Projekt zu besichtigen.

Adresse Bubenheimer Straße / Karlsgrabenstraße, 91757 Treuchtlingen-Graben | **Anfahrt** auf der B 2 in Dettenheim der Ausschilderung nach Graben folgen, nach rechts durch die Bahnunterführung zur Dorfmitte, dann wieder rechts bis zum Ortsende | **Tipp** Das Volkskundemuseum in Treuchtlingen (Heinrich-Aurnhammer-Straße 3) zeigt auf drei Stockwerken eine der größten volkskundlichen Sammlungen Bayerns mit über 20.000 Ausstellungsstücken.

95 Der Wettelsheimer Keller

Ein fränkischer Biergarten-Traum

Soll man das wirklich tun? Werbung machen für diesen Biergarten, der dermaßen aus der Zeit gefallen ist, dass man ihn unter allen Umständen in seinem Ist-Zustand belassen muss. In dem sich seit Jahrzehnten gar nichts ändert. Eine Bastion der Einheimischen. Also gut: Auf geht's zum Wettelsheimer Keller.

Der Franke geht bekanntlich nicht »in den Biergarten«, sondern »auf den Keller« – was wörtlich zu nehmen ist. Die Brauereien lagerten ihre Bierfässer einst in Kellern, die in möglichst schattiger (Nordhang!) Lage angelegt und mit Kastanien bepflanzt worden waren. Im Sommer wird hier, unter den Bäumen, das Bier an Ort und Stelle ausgeschenkt, und wenn die Anreise mit einem kleinen Fußmarsch verbunden ist, ist der Ausflug perfekt.

Im Fall des Wettelsheimer Kellers ist das Biertrinker-Idyll der winzigen Brauerei Strauß aus Wettelsheim zu verdanken. Deren Märzenbier wird auf dem Keller ausgeschenkt, und zwar richtig original aus Holzfässern, die im sechs Grad kalten Naturkeller gelagert sind. Dazu gibt es fränkische Schweinereien, deren Deftigkeit und Portionsgröße jedem verantwortungsbewussten Ernährungsberater Tränen der Verzweiflung in die Augen treiben. Besonders empfehlenswert: die Bratwürste. Das alles zu volkstümlichen Preisen, die jederzeit noch eine zweite Maß zulassen. Die Gäste sitzen dicht gedrängt an schlichten Biertischgarnituren, darüber ein paar Girlanden mit bunten Glühbirnen.

Es ist ein Biergarten, der nicht mehr darstellen will, als er ist. Nichts für Schickimickis. Und die vermisst auch keiner, wenn er wie auf einem Balkon hoch über der sanft geschwungenen Landschaft sitzen darf, mit traumhaft weitem Blick Richtung Weißenburg und Gunzenhausen. Unten im Tal, weit genug entfernt, um keine Hektik aufkommen zu lassen, rollen die Züge Richtung Würzburg und Nürnberg. Bloß: Was sollte man denn da an einem lauen Sommerabend? Fernab vom Wettelsheimer Keller?

Adresse Wettelsheimer Keller, Treuchtlinger Straße 26, 91757 Treuchtlingen-Wettelsheim, www.wettelsheimer-keller.de | Anfahrt auf der B 2 zwischen Dettenheim und Dietfurt Abzweigung nach Treuchtlingen nehmen, in Treuchtlingen Richtung Markt Berolzheim / Gunzenhausen, am Ortsausgang nach knapp einem Kilometer links | Öffnungszeiten Mai – Sept. Do – So 10 Uhr–Sonnenuntergang, zusätzlich Juli, Aug. Mo – Mi ab 16 Uhr | Tipp Zwischen Wettelsheim und Windischhausen befindet sich im Rohrachtal ein herrliches Biber-Biotop mit einer kleinen Kette von Weihern und Tümpeln und einer Informationstafel.

96_Die Wacholderheide

Ödlandschrecke und Küchenschelle

Die Wacholderheiden sind so etwas wie das Markenzeichen des Altmühltals – die größte aber ist die Gungoldinger Heide. Auf 70 Hektar erstreckt sich da ein magerer Trockenrasen, der von Wacholderbüschen und einzelnen Bäumen aufgelockert wird. Ein Biotop der Extraklasse, das schon seit 1956 unter Naturschutz steht. Das riesige Biotop darf jederzeit betreten werden, allerdings werden die Besucher gebeten, nach Möglichkeit nicht kreuz und quer durch die »Prärie« zu laufen, sondern vorhandene Wege zu nutzen. Und Mountainbiker haben hier auch nichts zu suchen.

Die Wacholderheide ist ein Produkt des Menschen: Weil hier, auf steinigem Untergrund, schon seit Jahrhunderten systematisch Schafe und Ziegen herdenweise gehütet werden, kommt der sonst übliche Buchenmischwald nicht hoch. Bäumchen werden von den Tieren sofort kurz und klein gebissen – aber vor den stacheligen Wacholderbüschen hat die gefräßigste Ziege Respekt. Und auch einzelne Kiefern überstehen die regelmäßigen und inzwischen systematisch von der Naturschutzbehörde organisierten Durchzüge des Hüteschäfers.

Auf diese Weise ist eine unglaublich artenreiche Tier- und Pflanzengesellschaft entstanden. Es wimmelt von geschützten und gefährdeten Arten. Überall duftet es nach Kräutern, Grillen zirpen um die Wette, seltene Heuschreckenarten tummeln sich im Gras, Schmetterlinge taumeln über den Hang. Der Kenner stößt problemlos auf seltene Orchideenarten, freut sich über Brandknabenkraut und Fransenenzian, über Silberdistel und Küchenschelle, und auch der Laie braucht nur die Augen offen zu halten, um die Rotflüglige Schnarrschrecke flattern zu sehen – oder alternativ die Blauflüglige Ödlandschrecke. Zum Biotop gehören auch Hecken und Wäldchen, sodass es an Vögeln nicht mangelt. Den Auftakt der Gungoldinger Wacholderheide bildet malerisch die abseits vom Dorf gelegene Pfarrkirche mit Mesnerhaus.

Adresse St. Marienstraße 16 (Kirche), 85137 Walting-Gungolding | **Anfahrt** A 9, Ausfahrt Altmühltal, über Enkering Richtung Eichstätt an Pfahldorf vorbei, kurz nach Pfahldorf links bis Gungolding. Unmittelbar vor der Kirche liegt der große Parkplatz. | **Tipp** Ebenfalls äußerst malerisch und dazu auch noch mit Felsen durchsetzt ist die Arnsberger Leite wenige Kilometer altmühlabwärts. Der Altmühltal-Panorama-Weg führt mittendurch.

97_Das glückliche Tal

Wo Radler euphorisch in Richtung Altmühl fahren

Dürfen in ein Buch wie dieses auch ein paar persönliche Gefühle einfließen? Ich denke, ja. An einem von 111 Orten muss dafür Platz sein. Denn eigentlich ist der Tipp unerlässlich, auf welchem Weg es am schönsten ist, mit dem Fahrrad von Ingolstadt ins Altmühltal zu radeln, also von dem einen zum anderen Fixpunkt dieses Buches.

Wir beginnen auf dem Radweg, der rechts der Umgehungsstraße Eitensheims in Richtung Eichstätt führt. Rechts geht es auf der Straße in Richtung Hitzhofen. Immer geradeaus und dann an der Oberzeller Straße entlang und an einem Marterl vorbei dem Wegweiser folgend nach Pfünz.

Wenn Sie das richtige Rad haben, können Sie es nun krachen lassen. Allenfalls im Weg liegende Äste, entgegenkommende Traktoren oder querende Wildschweinfamilien könnten die rasante Abfahrt bremsen. Sobald sich der Wald wieder öffnet, folgt der schönste Teil des Weges. Rechts und links der Straße, die sich in einem engen Tal gemächlich in Richtung Pfünz schlängelt, erstrecken sich Felder und Wiesen. Mitunter blühen Wildblumen in allen Farben des Sommers.

Vielleicht geht es Ihnen jetzt wie mir, wenn ich hier unterwegs bin. Vielleicht durchströmt auch Sie plötzlich diese Euphorie und Begeisterung, mitten in der Natur unterwegs sein zu dürfen. Blütenduft liegt in der Luft, abends grasen manchmal eine Handvoll Rehe am Waldrand. »Das glückliche Tal« habe ich diese Strecke genannt, eine behutsame Annäherung an das Altmühltal, die euphorisch macht – und gleichzeitig nachdenklich.

Denn wie so oft liegen Glück und Unglück nahe beieinander. Denn einst ereignete sich in genau diesem so schönen Tal eine Tragödie. Kurz nach Kriegsende spielten zwei Buben im Wald. Dabei stießen sie auf eine noch scharfe Granate. Die Explosion riss beide in den Tod. Ihr verwitterter Gedenkstein steht nur ein paar Meter hinter der Stelle, wo die Wildblumen oftmals am schönsten blühen.

Adresse zwischen der B 13 und Pfünz E 18 | Anfahrt von der B 13 in Richtung Eichstätt in Richtung Pfünz abbiegen, der Gedenkstein steht nach knapp 3 Kilometern auf der rechten Straßenseite | Tipp Ein wunderbarer kleiner Wasserspielplatz befindet sich in der Ortsmitte von Pfünz. Wichig für die Eltern: Brotzeit mitbringen – die Kinder werden dort ein wenig länger beschäftigt sein.

98 Der Hungerturm

Keine Gnade für den Frevler

Das Altmühltal ist das Land der Burgen: An jeder zweiten Flussbiegung erhebt sich hoch auf steilem Fels ein Gemäuer, von dem aus einst das Land kontrolliert wurde, schwer zugängliche Bastionen mit Fernblick. Doch viele Burgen standen aus praktischen Gründen auch in den Tälern selbst, und wer so ein Gemäuer verteidigen wollte, brauchte zumindest einen Wassergraben: Ein Musterbeispiel für so eine kleine Wasserburg findet sich am Ortsrand des Dorfes Rieshofen, direkt an der Altmühl.

Geblieben ist von der Anlage im Wesentlichen nur der trutzige Bergfried: ein quadratischer Koloss, flankiert von einer mächtigen Eiche. Die Erbauer der Burg haben von der Altmühl aus einen Graben gezogen, der die Anlage umrundet. Wer zum Bergfried will, um in seinem Schatten genüsslich zu picknicken, muss eine kleine hölzerne Brücke überqueren – und er sollte vielleicht nicht zu sehr an die gruselige Geschichte denken, die sich mit dem Turm verbindet. Es könnte sein, dass ihn sonst bei seiner Mahlzeit ein unangenehmes Gefühl beschleicht.

Wie viele Burgen im Altmühltal war auch die Rieshofener Wasserburg im Mittelalter an den Fürstbischof von Eichstätt gefallen und mangels Nutzung zur Ruine geworden. Nur der mächtige Turm widerstand dem Zahn der Zeit und der Neigung der umliegenden Bauern, sich aus einer solch leer stehenden Immobilie Baumaterial zu besorgen. Doch eines Tages wurde der einsame Turm, der auch heute noch von Dohlen und Tauben umkreist wird, zum »Tower von Rieshofen«, zum grausigen Gefängnis für einen Delinquenten. Altmühlabwärts, in Töging bei Dietfurt, hatten Einbrecher aus einer Kirche Messkelche mitgenommen. Einer der Kelche wurde bei einem Hehler gefunden. Die Strafe war barbarisch: Man brachte ihn in den Rieshofener Turm, sperrte ihn dort ein und ließ den Mann langsam verhungern. Der Volksmund nennt das Gemäuer seither den »Hungerturm«.

Adresse 85137 Walting-Rieshofen | **Anfahrt** A 9 Ausfahrt Altmühltal, über Enkering und Pfahldorf Richtung Eichstätt, gut 3 Kilometer nach Pfahldorf links nach Rapperszell und von dort nach Rieshofen, dort zur Altmühlbrücke, der Hungerturm steht rechts davon | **Öffnungszeiten** jederzeit zugänglich | **Tipp** Das teilweise rekonstruierte Römerkastell im wenige Kilometer altmühlaufwärts gelegenen Pfünz ist für Altmühltaltouristen Pflicht – auch wenn sie dafür ihre Fahrräder steil den Berg hinaufschieben müssen.

99_Die Wurzelplätze

Unkonventionelle »Tribünen« im Bergwaldtheater

Diese Sitzplätze sind legendär: Im Bergwaldtheater Weißenburg hat ein (kleiner) Teil der Besucher die Möglichkeit, sich nicht auf den seriösen, durchnummerierten Bänken, sondern geradezu anarchisch auf den sogenannten »Wurzelplätzen« zu postieren. Der Besucher platziert sich in diesem Fall mitten im Wurzelgeflecht einiger Baumriesen, die steil am Hang mit bestem Blick auf die Theaterbühne stehen. Das Mitbringen von Sitzkissen ist hier ebenso üblich wie der Konsum von Schaumwein.

Das Bergwaldtheater liegt, wie der Name sagt, am Berg hoch über Weißenburg mitten im Wald. Im Jahr 1929 wurde hier in das hügelige Gelände eines ehemaligen Steinbruchs eine Freilichtbühne installiert, umgeben von uralten Laubbäumen. Die Weißenburger sowie Besucher aus dem weiten Umkreis lieben dieses Angebot: Es ist ein Ort, an dem es leichtfällt, sich in eine vermeintlich »gute alte Zeit« zurückzuversetzen. Der Ort verbreitet eine wunderbar altmodische Aura, Briten würden sich hier vermutlich besonders wohlfühlen.

Die Saison ist kurz im Bergwaldtheater: Los geht es meistens Mitte Juni, und Anfang August ist es auch schon wieder vorbei. Der Hochsommer will genutzt sein. Im Wald wird's schnell kühl, ob auf den Baumwurzeln oder den regulären, deutlich bequemeren Holzbänken mit Lehne. Geboten wird ein vielseitiges Programm: Oper und Operette, Theater für Erwachsene und/oder für Kinder, Kabarett, Musikvorführungen und Rockkonzerte. 17.000 Besucher kommen in den gut zwei Monaten auf den Berg. Wer das Theater einmal für sich entdeckt hat, kommt in der Regel immer wieder. Erst recht gilt das für die Zuschauer beim »Dauerbrenner« im Bergwaldtheater: Das berühmte Bühnenstück vom »Brandner Kasper«, dem Wilderer aus den bayerischen Bergen, wird als einziger Programmpunkt Jahr für Jahr beibehalten. Kein Wunder, denn bei dieser Kulisse stimmt einfach alles – bis hin zu den Wurzelplätzen.

Adresse Holzgasse, 91781 Weißenburg, www.bergwaldtheater.de | **Anfahrt** Auf der B 2 nach Weißenburg, Ausfahrt Augsburger Straße, dort zur Stadtmitte, unmittelbar beim Erreichen des Altstadtrings rechts in die Holzgasse und dort weit aus der Stadt zum Bergwaldtheater Richtung Haardt. In begrenztem Umfang gibt es Parkplätze direkt am Theater. Dringend empfohlen wird den Besuchern der Aufführungen der Pendelbus vom Parkplatz in der Wiesenstraße zum Theater. | **Tipp** Das Reichsstadtmuseum gegenüber der Stadtkirche St. Andreas (neben dem Römermuseum) erläutert die Geschichte der ehemaligen Freien Reichsstadt Weißenburg und das Leben ihrer stolzen und selbstbewussten Bürgerschaft.

100 Die Scheunenkirche

Ein Jurastadel wird zum Gotteshaus

Erst einmal ist es ein ganz normaler Stadel: Eine jener großen Scheunen, wie sie in den Juradörfern üblich sind. Ein bisschen gedrungen, mit Fachwerkbalken, teilweise unverputztem, rohem Mauerwerk aus Bruchsteinen und einem flachen Legschieferdach. Aber in dieser Scheune aus dem Jahr 1814 lagern weder Heu noch Stroh, stehen weder Traktor noch Wagen: Der Stadel ist zu einer katholischen Kirche geworden und der heiligen Gunthildis geweiht.

Die Scheunenkirche steht am südlichen Dorfrand von Dettenheim, direkt an der Bundesstraße 2, die den Ort bis zum bevorstehenden Bau einer Umgehungsstraße gnadenlos teilt. Dettenheim, fünf Kilometer südlich von Weißenburg gelegen, hat natürlich in der Dorfmitte eine alte, stolz aufragende Kirche, aber die ist seit der Reformation wie der ganze Landstrich evangelisch. Nach dem Zweiten Weltkrieg jedoch, als endlose Flüchtlingstrecks durch Bayern zogen, wurden Katholiken in Dettenheim und Umgebung einquartiert und heimisch. Doch wo konnten Sie ihre Sonntagsmessen feiern?

Am Ortsrand stand das schlösschenartige Wohnhaus der katholischen Familie Vorbeck, dort gab es eine kleine Hauskapelle. Doch die war dem Andrang nicht gewachsen. Und so entstand die Idee, in den danebenliegenden Stadel des Anwesens eine echte Kirche einzubauen. Alle packten mit an, auch die evangelischen Bauern halfen mit, den Neubürgern eine geistige Heimat zu schaffen. Bewusst wurde dabei die Optik der Scheune erhalten. Im Altarraum hängen zum Beispiel die Leuchter an rustikalen Ketten, das große Holzkreuz ist aus zwei Wagenachsen gefertigt. Als unübersehbarer Hinweis auf die Kirche steht mitten auf dem Hof ein hölzerner Glockenturm mit einer einzelnen Glocke. Heutzutage wird jeden Freitagabend in der Scheunenkirche Gottesdienst gefeiert. Besonders populär ist die jährliche Christmette. Denn wo sonst kann man Jesu Geburt in einem echten Stadel feiern?

Adresse Donauwörther Straße 5, 91781 Weißenburg-Dettenheim | **Anfahrt** über die B 2 von Donauwörth oder Weißenburg, am südlichen Ortsanfang | **Öffnungszeiten** tagsüber, Gottesdienst jeden Freitag um 19 Uhr (im Winter um 18 Uhr) | **Tipp** Zu den zahlreichen Sehenswürdigkeiten von Weißenburg gehört das Ellinger Tor aus dem 14. Jahrhundert. Es gilt als eines der schönsten Stadttore Deutschlands.

101 Die Skistation

Kleine Winterfreuden fern der Berge

Vom Altmühltal aus sind es rund 170 Kilometer bis zu den ersten Alpengipfeln. Das ist zwar durchaus erreichbar, aber doch ziemlich strapaziös, wenn man nur mal eben kurz einen Hang hinabwedeln will. Ganz zu schweigen vom Aufwand, wenn Eltern ihren Kindern unkompliziert die ersten Brettl-Künste beibringen möchten. Was tun? Auf ins Laubenthal!

Das Laubenthal liegt direkt an der Bundesstraße 13, genau in der Mitte zwischen Eichstätt und Weißenburg. Auf der einen Seite der B 13 findet sich eine Pizzeria, auf der anderen geht es etwa 400 Meter auf einem Schotterweg nach Norden – und schon steht man vor einer echten Skistation. Ein uralter Schlepplift verrichtet an einem 300 Meter kurzen Hang seine Dienste und befördert Groß und Klein gemächlich nach oben. Anfänger finden sich zuhauf, ständig kippt jemand in der Spur um, worauf der Lift ein Weilchen aussetzt: Wer's eilig hat, ist hier fehl am Platz. Dasselbe gilt für die Abfahrt: Im Schuss zu brettern ist ein kurzes Vergnügen. Es bietet sich also an, die Talfahrt mit weiten Schwüngen möglichst gut auszunutzen. Und sich dann ein Tässchen Glühwein zu gönnen.

Gleich neben der Skipiste gibt es eine kleine Rodelbahn, für die keiner den Lift braucht. Und zudem ist das Laubenthal Ausgangspunkt für ein Netz von Langlaufloipen, die die Weißenburger Alpenvereins-Sektion präpariert. Traumhaft führen die Routen durch ein weit mäanderndes Wiesental und dann hinauf auf die karge Jurahöhe, wo sich der Langläufer nach Skandinavien versetzt fühlen mag.

Das Laubenthal kann sich durchaus als lokales Winterparadies bezeichnen – immer vorausgesetzt, dass es auch Schnee gibt. Das ist insbesondere für den Lift das Nonplusultra. Weil der Skihang mit ökologisch wertvollem Magerrasen bewachsen ist, läuft der Lift erst, wenn eine mindestens zehn Zentimeter dicke Schneedecke Pflanzen und Insekten im Winterschlaf sicher zudeckt.

Adresse 91781 Weißenburg-Laubenthal | Anfahrt von Eichstätt aus auf der B 13 Richtung Weißenburg bis zur Abzweigung nach Suffersheim/Treuchtlingen, Auto rechts von der Abzweigung am Parkplatz abstellen, der Lift kommt nach 300 Metern, von Weißenburg aus ebenfalls auf der B 13 Richtung Eichstätt | Öffnungszeiten Bei ausreichender Schneelage (mindestens 10 Zentimeter) täglich 11–17 Uhr geöffnet. Die Tageskarte kostet 10 Euro, die Halbtageskarte 6 Euro. Die Nutzung der Langlaufloipen ist kostenlos, an zentraler Stelle ist aber eine Spendenbox der Alpenvereins-Sektion Weißenburg aufgestellt. | Tipp Weitere, ähnlich rustikale Skilifte finden sich bei Übersfeld (Gemeinde Marxheim), im Heumödern-tal bei Treuchtlingen (hier sogar mit Flutlicht) und im Urdonautal zwischen Dollnstein und Ried.

102 Die Erzgrube »Grubschwart«

Ein Lehrpfad durchs Ruhrgebiet des Altmühltals

Wer heute durchs Altmühltal fährt, stößt auf eine weitgehend industriefreie, bäuerlich geprägte Landschaft. Es gibt die bekannten Steinbrüche. Aber Bergbau? Schwerindustrie? Erzgewinnung? Dazu fällt auch vielen Einheimischen wenig ein. Dabei wurde bis vor 150 Jahren auf den Hochflächen an zahllosen Orten nach Eisenerz geschürft. Und es gab sogar einige wenige unterirdische Bergwerke. Eines von ihnen wird durch einen Lehrpfad erschlossen: Die Grube »Grubschwart« im Raitenbucher Forst, im Hinterland der Bundesstraße 13 zwischen Rothenstein und Laubenthal.

Auf der Jurahochfläche findet sich traditionell Eisenerz, das in kleinen, oft nur fingernagelgroßen Bröckchen auf den Äckern aufgesammelt werden kann: das sogenannte Bohn- oder Klauberz. Es hat einen Eisenanteil von 25 Prozent. Schon die Kelten verarbeiteten das Erz des Altmühltals, und die späteren Bewohner taten es ihnen gleich. Die Eichstätter Fürstbischöfe betrieben in Obereichstätt an der Altmühl 600 Jahre lang ein gewaltiges Hüttenwerk mit einem mächtigen Hochofen. Von allen Seiten wurde das vorgesäuberte Erz zur Verarbeitung nach Obereichstätt geliefert. In der Regel wurde das Erz nur von den Äckern aufgelesen. Doch es gab ergiebige Stellen, an denen sich das Graben in die Tiefe lohnte. Und im Raitenbucher Forst fand sich eine Stelle, an der ganze Erzadern verliefen.

Der »Montangeschichtliche Lehrpfad Grubschwart«, angelegt von den Bayerischen Staatsforsten, führt auf einem 3,4 Kilometer langen Rundweg zum längst verfallenen Erzbergwerk, der Grube »Grubschwart«, wo etwa bis 1860 von Knappen unter Tage Erz abgebaut wurde. 21 Tafeln informieren entlang des Weges über den einstigen Bergbau im Jura. Die Eingänge in die Stollen, die in felsigem Gelände liegen, sind heute durch Eisengitter versperrt – damit sich niemand leichtsinnig in die uralten Bergwerksgänge verirrt.

Adresse 91781 Weißenburg-Rothenstein | Anfahrt B 13 von Eichstätt Richtung Weißenburg, in der Mitte des Dorfes Rothenstein nach rechts abbiegen, ab dort ausgeschildert. Der Weg verläuft in Richtung Nordosten, nach etwa 1,8 Kilometern beginnt der Lehrpfad an einem Parkplatz. | Tipp In der ehemaligen fürstbischöflichen Residenz in Eichstätt (heute Eichstätter Landratsamt) findet sich der schönste Gegenstand, der aus dem Jura-Erz gegossen wurde: ein prächtiger Kanonenofen, der den Spiegelsaal schmückt und bei Führungen gezeigt wird.

103 Die Gunthildis-Kapelle

»Das Schneckenhaus Gottes«

Heilige Gunthildis? Nie gehört? Das kann passieren, es ist sogar ziemlich wahrscheinlich, denn St. Gunthild ist eine jener Heiligen, die nur in einer einzelnen Diözese verehrt werden, in diesem Fall im Bistum Eichstätt. Zu einer Berühmtheit darüber hinaus hat es bei St. Gunthild, einer frommen Bauersmagd mit den Attributen Milchkrug und Käselaib, irgendwie nie gereicht, und dann hatte sie auch noch das Pech, dass der Ort ihrer letzten Ruhe, die Kirche von Suffersheim im Treuchtlinger Schambachtal, zum evangelischen Glauben wechselte. Kurzum: Die Gebeine der Heiligen gingen vor 500 Jahren verloren, die Erinnerung war fast erloschen. Und ein paar hundert Meter von Suffersheim entfernt, wo einstmals eine florierende Kapelle für Wallfahrer stand, wuchs das Gras und weideten die Schafe.

In den Jahren 1993 bis 1995 wurde diese kleine Wallfahrtsstelle wieder belebt: Direkt neben den Grundmauern der alten Pilgerkapelle wurde ein neues, winziges Kirchlein errichtet. Es hat vom Volksmund den charmanten Namen »Das Schneckenhaus Gottes« erhalten, denn der Architekt Johannes Geisenhof hat die Grundmauern in der Form eines Ammoniten angelegt: Der Ammonit ist das Wahrzeichen des Naturparks Altmühltal, seine in allen Steinbrüchen zu findenden versteinerten Kalkgehäuse erinnern an Schneckenhäuser. Bauherr war ein Förderverein, und das Baumaterial ist der heimische Bruchstein, das Dach ist mit den örtlichen Kalkplatten, dem Legschiefer, gedeckt.

Es waren übrigens evangelische und katholische Christen gemeinsam, die das ungewöhnliche spiralenförmige Kirchlein ehrenamtlich aufmauerten. Und so ist die ökumenische Gunthildis-Kapelle wieder zu einer kleinen Pilgerstätte geworden, wie einst im Mittelalter, als die Bauern aus der ganzen Umgebung krankes Vieh hierherbrachten. Jetzt muss nur noch der Vorname Gunthild wieder populär werden.

Adresse 91781 Weißenburg-Suffersheim | Anfahrt von Eichstätt auf der B 13 Richtung Weißenburg, im Schambachtal nach links Richtung Treuchtlingen bis zum Ortsende von Suffersheim, gleich danach rechts, Auto am Wanderparkplatz abstellen und knapp einen Kilometer auf schönem Pfad zu Fuß zur Gunthildis-Kapelle | Tipp Im nahen Dorf Schambach steht in der Burggasse 1 der liebevoll renovierte historische Brauereigasthof »Zum Güldenen Ritter«, ein Juraanwesen und Wirtshaus wie aus der »guten alten Zeit«.

104_Die Wülzburg-Brunnen

Wasser marsch für Charles de Gaulle

»Wasser!« Das ist nicht nur der Verzweiflungsruf des Wüstenwanderers, sondern seit jeher auch das Nonplusultra des Burgenbaus. Was hilft die stärkste Verteidigungsanlage hoch auf dem Berg, wenn es auf dem felsigen Gelände keine Quelle gibt, die Mensch und Vieh mit Wasser versorgen könnte. Da gibt's nur zwei Möglichkeiten: Entweder man gräbt einen tiefen Brunnen – oder man sammelt sorgsam das Regenwasser von den Dächern und füllt es für schlechte Zeiten in Zisternen.

Auf der Wülzburg hoch über Weißenburg haben die Baumeister beide Varianten in der XXL-Version gewählt: Es gibt einerseits einen durch den Fels gegrabenen Brunnen, der unfassbare 143 Meter tief ist und aus der Zeit um 1600 stammt, zum anderen befindet sich im Innenhof die Ludwigszisterne aus den Jahren 1823 bis 1831. Sie war zu ihrer Zeit die größte Zisterne im Königreich Bayern und fasst 1,3 Millionen Liter Wasser, das an vier Brunnen geschöpft werden kann.

Tatsächlich wurde die Festung, die in den Jahren 1588 bis 1605 im Auftrag des Ansbacher Markgrafen errichtet wurde, nie vom Feind erobert oder gar zerstört. Sie gilt heute als eine der am besten erhaltenen Renaissancefestungen – mit gewaltigen Gräben und fünfeckigen Bastionen. Nach den Ansbacher Markgrafen übernahm 1806 das Königreich Bayern die Bastion, brachte sie auf Vordermann (die Ludwigszisterne!), und verkaufte sie am Ende im Jahr 1887 an die Stadt Weißenburg. Im Ersten und im Zweiten Weltkrieg wurde die Festung zum Kriegsgefangenenlager. Der berühmteste Insasse war für sieben Monate im Jahr 1918 ein französischer Offizier und berüchtigter Ausbrecherkönig namens Charles de Gaulle, der nachmalige Staatspräsident. An ihn erinnert gleich beim Durchschreiten des Eingangstors eine in die Mauer eingelassene Tafel – und auch das »Gefangenen-Brot« in der wunderbar zünftigen Burgschenke mit gemütlichem Biergarten.

Adresse 91781 Weißenburg-Wülzburg | **Anfahrt** B 13 von Weißenburg Richtung Eichstätt, einen Kilometer nach Ortsende Weißenburg nach links Richtung Oberhochstatt, der Ausschilderung Wülzburg folgen | **Öffnungszeiten** jederzeit zugänglich, Führungen von Mai–Okt. Sa ab 13 Uhr, So und feiertags ab 11 Uhr | **Tipp** Wer ein Faible für tiefe Brunnen hat, wird auch auf der Eichstätter Willibaldsburg fündig: Dort wurde der Brunnen 76,5 Meter durch den Fels gegraben – also halb so tief.

105 Die Auerochsen

Zurück in die Zukunft

Den Auerochsen kennen die meisten heute nur noch aus dem Hollywood-Schinken »Quo vadis«, in dem der wackere Sklave Ursus mit bloßen Händen im Kolosseum in Rom gegen einen dieser schwarzen Stiere antreten muss und gewinnt, indem er dem armen Tier das Genick bricht. Sehr viel später, angeblich im Jahr 1627, kam dann der »Genickbruch« für die gesamte Art: Der letzte Auerochse wurde erlegt. Wie die Menschen nun mal sind, tat ihnen dieser Verlust ziemlich bald leid. Und so fingen sie an, die zahmen Hausrinderrassen systematisch durcheinanderzukreuzen, in der Hoffnung, den Original-Auerochsen als Urahn der Rinder ins wahre Leben zurückzuholen, quasi zurück in die Zukunft. Das Ergebnis kann man inzwischen auch im Urdonautal südlich von Wellheim bestaunen: beim Projekt »Urdonautaler Auerochsen«.

Auf einem großen, sumpfigen Gelände hat der Landkreis Eichstätt eine Herde von rückgezüchteten Ur-Rindern angesiedelt, rund 35 Hektar Moorwiese stehen den Tieren zur freien Verfügung. Die Jungtiere sind braun, die älteren schwarz mit einem charakteristischen, etwa zwei Zentimeter breiten Streifen, der sich den gesamten Rücken entlangzieht. Die Tiere wirken wuchtig, sind aber relativ leicht und langbeinig und damit fürs Leben im Sumpf gut gerüstet. Pflege brauchen sie eigentlich keine, ein massiver hölzerner Unterstand ist ihnen dennoch vergönnt.

Das Projekt soll gleich mehrere Fliegen mit einer Klappe (oder einem Kuhwedel) schlagen: Zum einen erhalten und schützen die Viecher durch ihre pure Präsenz ein wunderbares, hierzulande äußerst selten gewordenes Niedermoor-Biotop, das der Landkreis nach und nach aufgekauft hat, zum anderen ist die Auerochsen-Weide gut für den Tourismus, und nicht zuletzt lässt sich auch das edle Rindfleisch vermarkten. Aber daran will der Beobachter wohl nicht gerade denken, wenn er der Herde beim friedlichen Grasen zuschaut.

Adresse 91809 Wellheim | **Anfahrt** Von der B 13 in Eichstätt auf der Staatsstraße 2230 (Altmühltalstraße) bis Dollnstein, dort nach links durchs Urdonautal bis Wellheim, in Wellheim (Ortsmitte) Richtung Hütting/Rennertshofen abbiegen. Die Weide der Auerochsen mit Stall und Informationstafel findet sich etwa einen Kilometer nach Ortsende links. | **Tipp** Wenn man im Urdonautal weiter gen Süden fährt, kommt das Dorf Mauern mit den berühmten Weinberghöhlen, die schon von Weitem in der Hangflanke sichtbar sind. Hier siedelten bereits in der Altsteinzeit Menschen – und hielten wahrscheinlich auch nach Auerochsen Ausschau.

106 Die Burgruine Wellheim

Ein Revolutionär lehnt sich aus dem Fenster

Allein die Anfahrt ist spektakulär: Als wäre man im Hochgebirge, führt die Straße von der Wellheimer Kirche aus nach rechts hinauf auf die Jurahöhe: Zwei schmale Tunnel wurden dafür in den 1920er Jahren in den Fels gesprengt. Und dann steht da auf einem Bergsporn die Ruine einer Burg, gekrönt von einem mächtigen Bergfried. Weit reicht von hier aus der Blick übers Urdonautal, der kleine Marktflecken Wellheim liegt der Burg zu Füßen. Es ist ein wunderbarer Aussichtspunkt. Und einstmals uneinnehmbar – möchte man meinen. Und doch gelang es im Jahre 1525 im Bauernkrieg einem einzigen Mann, den Bergfried zu besetzen: Zacharias Krell.

Man muss sich diesen Krell, einen Münchner, als begnadeten Agitator vorstellen. Es war im April 1525, der Bodenseeraum war bereits in hellem Aufruhr, als Krell in Wellheim auftauchte. Mit einem gefälschten Empfehlungsschreiben übertölpelte er die Wachen der Burg, die das Tor öffneten, woraufhin Krell geradewegs in den riesigen Turm flitzte und den Eingang hinter sich verrammelte. Dann predigte er aus luftiger Höhe den Bauern von Freiheit und Menschenrechten. Aus der ganzen Gegend strömten sie zusammen.

Der Neuburger Pfalzgraf schickte seine Soldaten, und die Demonstranten zogen sich zurück. Zacharias Krell aber blieb im uneinnehmbaren Turm und hielt die Stellung. Möglicherweise wollte er sogar die Landsknechte auf seine Seite ziehen, nur mit der Kraft seiner Worte – aber für dieses sehr spezielle Publikum lehnte er sich im wahrsten Sinne des Wortes zu weit aus dem Fenster. Ein Scharfschütze legte an, tödlich getroffen sank der Revolutionär im Turm zusammen. Doch die Saat war gelegt: Einige Wochen später brach im ganzen Hochstift Eichstätt der Bauernaufstand los. Wie überall in Deutschland endete er in einem Blutbad.

Dass die Burg heute Ruine ist, ist übrigens nicht die Schuld der Bauern: Die immer noch eindrucksvolle Anlage wurde etwa ab 1750 sich selbst überlassen und verfiel.

Adresse 91809 Wellheim | **Anfahrt** von der B 13 in Eichstätt auf der Staatsstraße 2230 (Altmühltalstraße) bis Dollnstein, dort nach links durchs Urdonautal bis Wellheim, in Wellheim beim Erreichen der Ortsmitte scharf rechts (zur Kirche) und vor dem markanten Torhaus erneut rechts Richtung Gammersfeld, Parkplatz mit Aussichtspunkt und Informationstafel direkt neben der Ruine | **Öffnungszeiten** jederzeit zugänglich | **Tipp** Vom Wellheimer Marktplatz führen die Wanderwege 1 oder 5 in etwa einer halben Stunde zum südöstlich gelegenen »Zigeunerloch«, einer herrlichen Felsenlandschaft im Buchenwald.

107__Der Dohlenfelsen

Ein Eldorado für Kletterer und Zuschauer

Das Altmühltal und das angrenzende Urdonautal gelten fernab der Alpen als bayerisches Paradies für Sportkletterer – und das ist kein modischer Trend, sondern eine echte Tradition. Seit 100 Jahren schon kraxeln ambitionierte Bergsteiger durch die oft senkrechten Felswände, die sich an den Hängen entlangziehen. Die Schwierigkeitsgrade erreichen höchste Werte. Das beeindruckendste Kletterer-Eldorado trägt den Namen Oberlandsteig, und dessen Höhepunkt findet sich am Rand des Dorfes Konstein im Urdonautal. Ein ganzes Gebirge scheint sich da aufzutürmen. Der Name des markant von der Hangflanke ins Tal hineinragenden Steinungetüms klingt harmlos-bescheiden: Dohlenfelsen. Doch so mancher hat seinen Mut und seine Begeisterung für das alpine Klettern hier schon mit dem Leben bezahlt. Davon künden Medaillons und Tafeln, die in die Felswand eingelassen sind. Daneben finden sich auch noch Erinnerungstafeln an Bergsteiger aus der Region, die in den Alpen den Tod gefunden haben und denen hier, in der Heimat, ein kleines Denkmal gesetzt wurde.

Fast zu jeder Jahreszeit und bei jedem Wetter hängen Kletterer in den senkrecht aufragenden kalkweißen Flanken des Dohlenfelsens und versuchen sich an einer der ein Dutzend vorgegebenen Standardrouten. Der alpine Laie darf derweil am großen Kletterparkplatz Station machen und zuschauen, wie sich die Sportler nach oben kämpfen. Nur an wenigen Orten, schon gar nicht in den Alpen, wird dem Zuschauer Klettern im wahrsten Sinn des Wortes so »nahe gebracht«. Und einen Imbissstand gibt es am Wochenende auch noch.

Geologisch gesehen handelt es sich beim Dohlenfelsen übrigens um ein 150 Millionen Jahre altes, 70 Meter hohes Schwammriff, das viel, viel später von der vorbeifließenden Urdonau freigespült wurde. Nachlesen lässt sich das im Detail auf Informationstafeln, denn der Dohlenfelsen ist eine Station des Geowegs Urdonautal.

Adresse Aichaer Straße, 91809 Wellheim-Konstein | **Anfahrt** von der B 13 in Eichstätt auf der Staatsstraße 2230 (Altmühltalstraße) bis Dollnstein, dort nach links durchs Urdonautal nach Konstein (Ortsmitte), hier nach rechts auf der Aichaer Straße bis zum Dohlenfelsen-Parkplatz | **Tipp** Sehenswert und außergewöhnlich ist der Friedhof von Wellheim: Hier gibt es traditionell ausschließlich Gräber mit geschnitzten Holzkreuzen, wie man sie sonst nur in den Alpen findet.

108 Die Ruinenkirche

Ein bizarrer Grenzstreit um fromme Pilger

Es gibt kaum Grenzen, die so beständig sind wie die von Bistümern: Im Altmühltal muss man schon Experte sein, wenn man genau wissen will, wo vor über 1.000 Jahren der Trennstrich gezogen wurde. Kritisch wird es dann, wenn sich zwei Bistümer ins Gehege kommen. Von einem solchen Fall erzählt die Ruinenkirche im Spindeltal zwischen Konstein und Tagmersheim.

Die Geschichte der abgelegenen Marienkirche reicht bis ins Mittelalter zurück. In der Reformationszeit wurde sie erstmals dem Verfall überlassen, weil der Pfalzgraf von Neuburg samt seinem Fürstentum den Glauben wechselte und evangelisch wurde. Später wurde die Gegend wieder katholisch, und im wallfahrtsfreudigen 18. Jahrhundert wurde die Kirche im Spindeltal für Pilger populärer denn je. Doch das Gebäude und die Wallfahrtswirtschaft lagen unglücklicherweise auf der Grenze zwischen den Bistümern Eichstätt und Augsburg. Die Pfarrer aus den Nachbarorten konnten sich über die Verteilung der Einkünfte aus dem florierenden Pilgerwesen nicht einigen, es gab unablässig Streit, bis die beiden zuständigen Bischöfe entschieden, die Kirche verfallen zu lassen. Als das nicht schnell genug ging, wurde das umstrittene Gotteshaus im Jahr 1771 von der Obrigkeit ganz offiziell demoliert, die Wallfahrt wurde eingestellt.

Erst um das Jahr 1985 setzte nach 200 Jahren der Vernachlässigung wieder eine Wallfahrtsbewegung ein. Es bildete sich ein Freundeskreis, der beschloss, die Ruinenkirche, von der nur noch die bröckelnde Außenmauer stand, vor dem vollständigen Verfall zu retten. Sie erhielt in enger Abstimmung mit dem Denkmalschutz ein Dach, Fenster und Türen, Bänke wurden aufgestellt, ein Parkplatz angelegt. 1996 wurde die Kirche erneut geweiht. Sie ist nun ganzjährig Tag und Nacht geöffnet, und zu den regelmäßigen Andachten mit Mariensingen im Sommer strömen wieder Hunderte von Gläubigen.

Adresse 91809 Wellheim | Anfahrt von der B 13 in Eichstätt auf der Staatsstraße 2230 (Altmühltalstraße) bis Dollnstein, dort nach links durchs Urdonautal Richtung Wellheim, etwa 2 Kilometer nach Ried rechts ab Richtung Tagmersheim, die Ruinenkirche liegt nach einem knappen Kilometer links von der Straße | Tipp Das originale Gnadenbild aus der Spindeltalkirche hat die Rückkehr nicht geschafft. Wer es sich ansehen will: Es steht in der Dorfkirche von Ensfeld.

109 Die Basilika Maria Brünnlein

Eine Quelle mitten in der Wallfahrtskirche

Der Wallfahrtsrektor muss nicht lange überlegen: Die neueste Votivtafel als Dank für die Erhörung eines Anliegens? »Die haben wir vor zwei Wochen erhalten.« So geht das schon seit über 300 Jahren. Die Wallfahrtskirche Maria Brünnlein, idyllisch inmitten von grünen Wiesen am Stadtrand von Wemding gelegen, gilt gläubigen Katholiken aus dem weiten Umkreis als Ort, an dem die Muttergottes Wunder wirkt. Ein von allen Seiten zugänglicher Altar mit dem Gnadenbild Unserer Lieben Frau von Wemding bildet das Zentrum der Basilika, und direkt hinter diesem Altar, zu Füßen des Gnadenbilds, fließt eine Quelle. Unablässig rinnt in dünnem Strahl Wasser aus goldenen Muscheln in ein Marmorbecken.

Die Menschen, die zum Gnadenbild kommen, benetzen sich mit dem Wasser die Augen. Es stehen Metallbecher bereit, mit denen man Wasser am Marienaltar trinken kann. Und auch kleine Glasflaschen sind vorbereitet: Die Gläubigen nehmen das Wasser mit nach Hause, in der Hoffnung, dass es ihnen guttut. Die Parallele zu Lourdes ist unübersehbar.

Chemisch gesehen sei an dem Wasser nichts Besonderes dran, betonen die Verantwortlichen der Basilika. Das sei kein Heilwasser im Sinne eines Kurbetriebs, sondern einfach wunderbar frisches Quellwasser. Es kommt also auf den Glauben an – und dem reicht letztlich ein Tropfen vom Wasser aus diesem beeindruckenden Brunnenaltar, verbunden mit einem kurzen Gebet um die Fürsprache Mariens. Wer mit dem Kanister auftaucht, ist folglich fehl am Platz.

Doch das muss man den rund 150.000 Wallfahrern, die im Jahreslauf kommen, eigentlich nicht erklären. Besonders viele sind es Monat für Monat am 13., denn dann ist traditionell Fatimawallfahrt. Fällt der Fatimatag auf einen Sonntag, wird die Feier auf den Samstag vorverlegt. Andernfalls könnte die Kirche die Teilnehmer nicht fassen.

Adresse Oettinger Straße 103, 86650 Wemding, www.maria-bruennlein.de | Anfahrt über B 2 (Ausfahrt Monheim) nach Wemding, dort Richtung Nördlingen und am Ortsende rechts der Beschilderung zur Wallfahrtsbasilika folgen | Öffnungszeiten in den Wintermonaten So, Feiertage 7–18 Uhr, werktags 8–18 Uhr, in den Sommermonaten So, Feiertage 7–19.30 Uhr, werktags 8–19.30 Uhr | Tipp Das KunstMuseum Donau-Ries in der Jahnstraße 1 in Wemding zeigt unter anderem Gemälde und Skulpturen von Ernst Steinacker, Annette Steinacker-Holst und Caspar Schlötter. Im Erdgeschoss gibt es wechselnde Sonderausstellungen (geöffnet sonntags von 14.30–16.30 Uhr).

110_Das Fuchshaus

Eine Blume wird zum Markenzeichen

Die Kleinstadt Wemding mit ihren knapp 6.000 Einwohnern wirkt geradezu puppenstubenartig hübsch: Rund um den Marktplatz gruppieren sich die Bürgerhäuser mit geschwungenen Barockgiebeln, ein Brunnen plätschert. Und an einer Ecke des Marktplatzes fällt ein Häuschen auf, weil es so unglaublich winzig ist. Es ist das Fuchshaus.

Zwei Stockwerke hoch, neun Meter lang – aber gerade mal eineinhalb Meter schmal ist das Gebäude, in dem im Jahr 1501 der berühmte Botaniker und Arzt Leonhart Fuchs geboren wurde und wo er seine ersten zehn Lebensjahre verbrachte. Eine Steintafel am Häuschen erinnert daran. Fuchs gilt als einer der »Väter der Botanik«, und so kam es, dass diesem Gelehrten lange nach seinem Tod eine Pflanze gewidmet wurde, die der französische Missionar und Botaniker Charles Plumier 1696 in Südamerika entdeckt hatte: die Fuchsie.

Längst hat die Fuchsie ihren Siegeszug durch Europas Gärten und Balkone angetreten – und Wemding hat irgendwann festgestellt, dass diese hübsche Pflanze ein erstklassiger Sympathie- und Werbeträger sein könnte, besser als (beispielsweise) der gruselige fünfeckige »Folterturm«. Nun wachsen im Städtchen den ganzen Sommer über an allen Ecken die Fuchsien. Es gibt einen Fuchsienmarkt im Frühsommer, es türmt sich am Marktplatz eine Fuchsienpyramide, Gästen wird bis Mitte September ein Fuchsienrundgang angeboten. Seit 1993 ist eine Fuchsienzüchtung nach Wemding benannt. Ein örtlicher Gärtner hat sich auf Fuchsien spezialisiert. Und was wächst wohl in den Blumenkästen am Fuchs'schen Häuschen?

Leonhart Fuchs selbst, der Wemding heute so viel Ehre einbringt, verbrachte übrigens die meiste Zeit seines Lebens in Tübingen, wo er an der Universität lehrte, vom Kaiser geadelt wurde und 1566 starb. Seine einstmals berühmten Kräuterbücher sind heute fast vergessen. Seinen Namen aber kennt jeder – solange er nur einen Balkon hat.

Adresse Markplatz 5, 86650 Wemding | **Anfahrt** auf der B 2 bei Monheim nach Wemding abfahren, dort immer geradeaus bis zur Stadtmitte (Marktplatz) | **Öffnungszeiten** Das Innere des Häuschens ist nicht zu besichtigen. | **Tipp** Der fünfeckige »Folterturm«, in dem einst bei der Hexenverfolgung unschuldige Frauen gemartert wurden, ist im Rahmen von Stadtführungen zugänglich.

111 Der Dorfladen

Grundversorgung fest in Genossenhand

Es gab eine Zeit, da hatte das 800-Seelen-Dorf Wolferstadt bei Wemding drei Lebensmittelläden. Der kleinste, der noch den stolzen Titel »Kolonialwarenhandel« geführt hatte, sperrte als Erster Ende der 1970er Jahre zu. Der zweite, ein wenig größer, folgte zehn Jahre später. Und als dann der dritte, am Dorfplatz gelegen, den Generationswechsel nicht schaffte, war es um die »Nahversorgung« ganz geschehen. Einkauf war fortan nur in der sechs Kilometer entfernten Stadt möglich. Die Geschichte spielt sich so ähnlich tausendfach auf dem Land ab – und die Menschen nehmen es hin, wie die Schließung ihrer Schule, den Wegzug des Pfarrers und den Verlust der Dorfwirtschaft: als gottgegebenen Schicksalsschlag. Nicht so die Wolferstädter.

Sie nahmen die Sache selbst in die Hand. Sie besichtigten ein paar Orte, in denen Bürger bereits eigene Gemeinschaftsläden auf die Beine gestellt hatten – dann gründeten sie 1995 ihre eigene Genossenschaft. Die Menschen konnten Anteilsscheine zeichnen. Ein Geschäftsführer wurde bestellt, Hausfrauen als Teilzeitverkäuferinnen angestellt – die Gemeinde stellte das alte Feuerwehrhaus am Dorfplatz zur Verfügung.

Viele solcher Genossenschaftsläden haben trotz großen Engagements nicht überlebt. Der Laden von Wolferstadt aber, inzwischen fast so etwas wie »die Mutter aller Dorfläden«, brummt mehr denn je. Und er ist zum Erfolgsmodell in ganz Bayern geworden. Längst ist der Laden erweitert worden, er ist heute fast ein kleiner Supermarkt, Kaffeeecke inklusive. Einmal im Jahr zahlt sich das Engagement in Euro und Cent aus: Dann erhalten alle Genossen eine Gewinnausschüttung – verbunden mit dem Appell, den Verlockungen der großen Konkurrenz nicht allzu sehr zu erliegen. Übrigens: Irgendwie ist es dem kleinen, wackeren Wolferstadt auch gelungen, Pfarrer, Grundschule und zwei stattliche Wirtshäuser zu behalten. Na also – geht doch!

Adresse Döckinger Straße 1, 86709 Wolferstadt | **Anfahrt** Von der B 2 zwischen Treuchtlingen und Monheim nach Westen abbiegen und über Rehau und Weilheim nach Wolferstadt. Der Laden liegt gleich neben dem Dorfplatz rechts. | **Öffnungszeiten** Mo–Di, Do–Fr 7–11 und 15–17.30 Uhr, Mi 7–11 Uhr, Sa 7–11.30 Uhr | **Tipp** An der Straße von Wolferstadt nach Wemding liegt direkt am Ortseingang von Wemding auf der linken Seite das Wemdinger »Waldbad«, ein herrlich altmodischer Badesee mit Liegewiese, Rutsche und Ruderbootverleih.

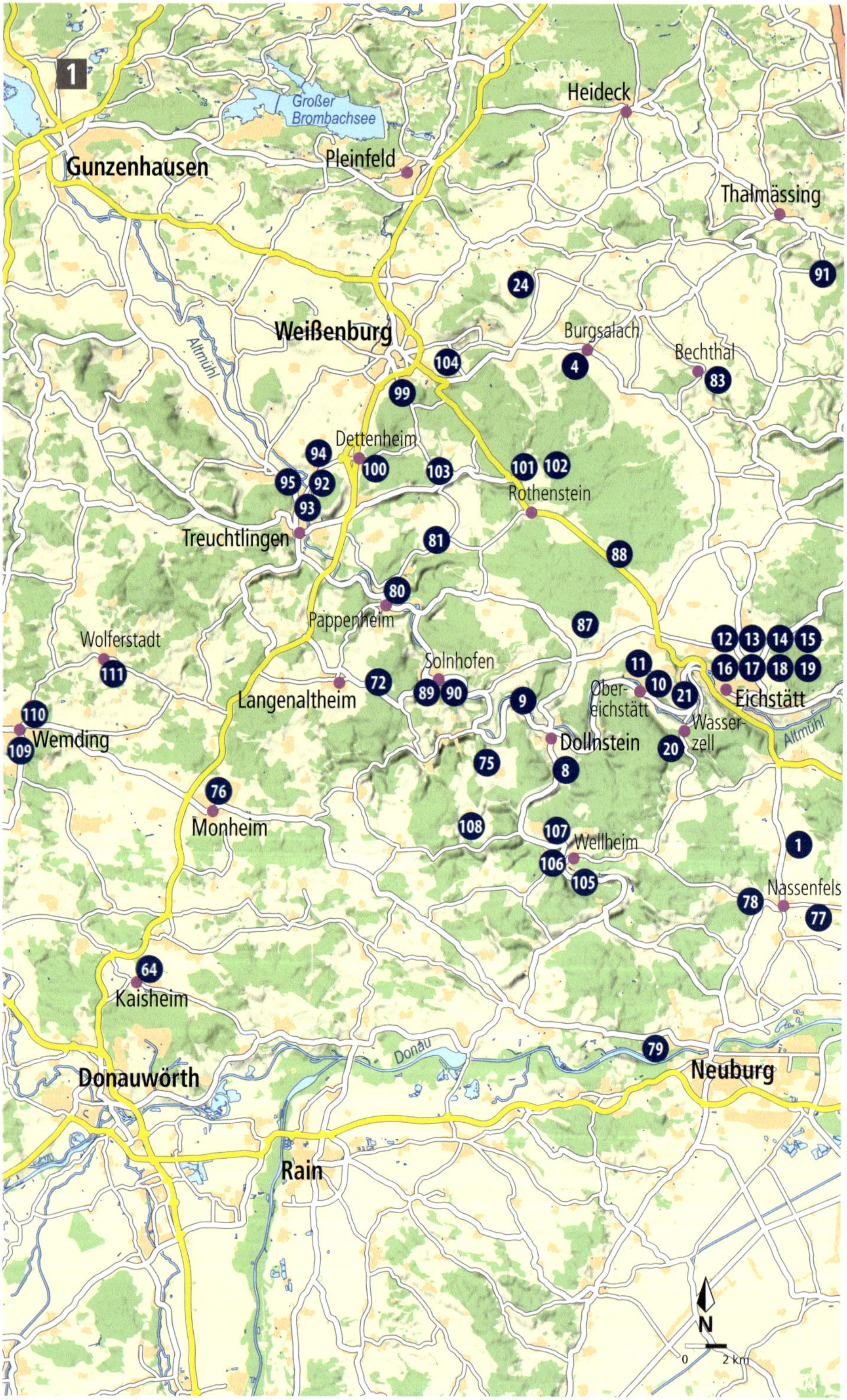
1
Großer Brombachsee
Gunzenhausen
Pleinfeld
Heideck
Thalmässing
Weißenburg
Burgsalach
Bechthal
Altmühl
Dettenheim
Rothenstein
Treuchtlingen
Pappenheim
Wolferstadt
Solnhofen
Langenaltheim
Ober-eichstätt
Eichstätt
Wemding
Dollnstein
Wasser-zell
Monheim
Wellheim
Nassenfels
Kaisheim
Donau
Donauwörth
Neuburg
Rain
N
0
2 km
1
4
8
9
10
11
12
13
14
15
16
17
18
19
20
21
24
64
72
75
76
77
78
79
80
81
83
87
88
89
90
91
92
93
94
95
99
100
101
102
103
104
105
106
107
108
109
110
111

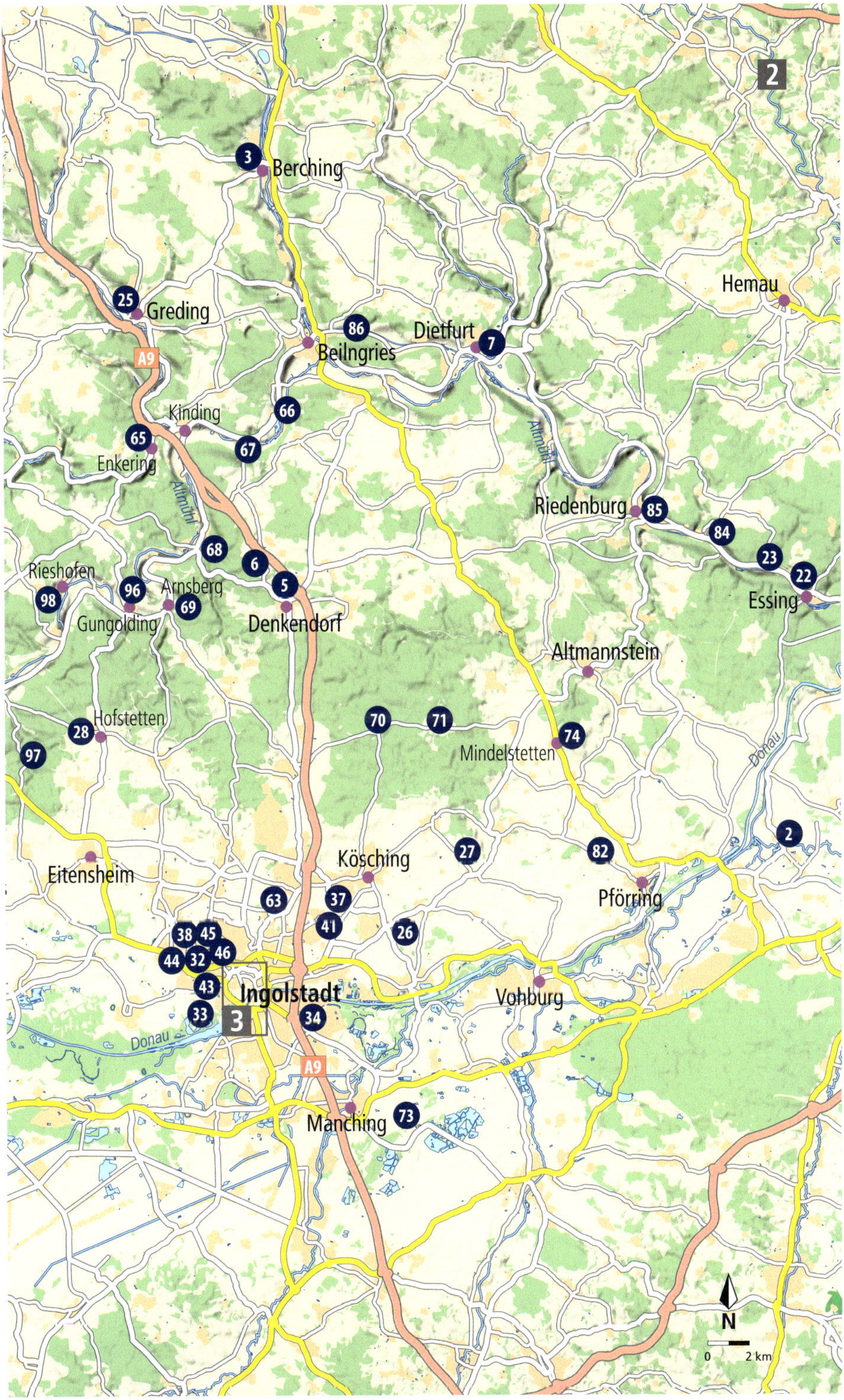

2
3
Berching
25
Greding
A9
86
Dietfurt
7
Hemau
Beilngries
66
Kinding
65
67
Enkering
Altmühl
Altmühl
Riedenburg
85
84
23
22
68
6
Rieshofen
96
Arnsberg
5
98
69
Essing
Gungolding
Denkendorf
Altmannstein
70
71
28
Hofstetten
74
97
Mindelstetten
Donau
2
27
82
Kösching
Eitensheim
Pförring
63
37
41
38
45
26
44
32
46
43
Ingolstadt
Vohburg
33
3
34
Donau
A9
Manching
73
N
0
2 km

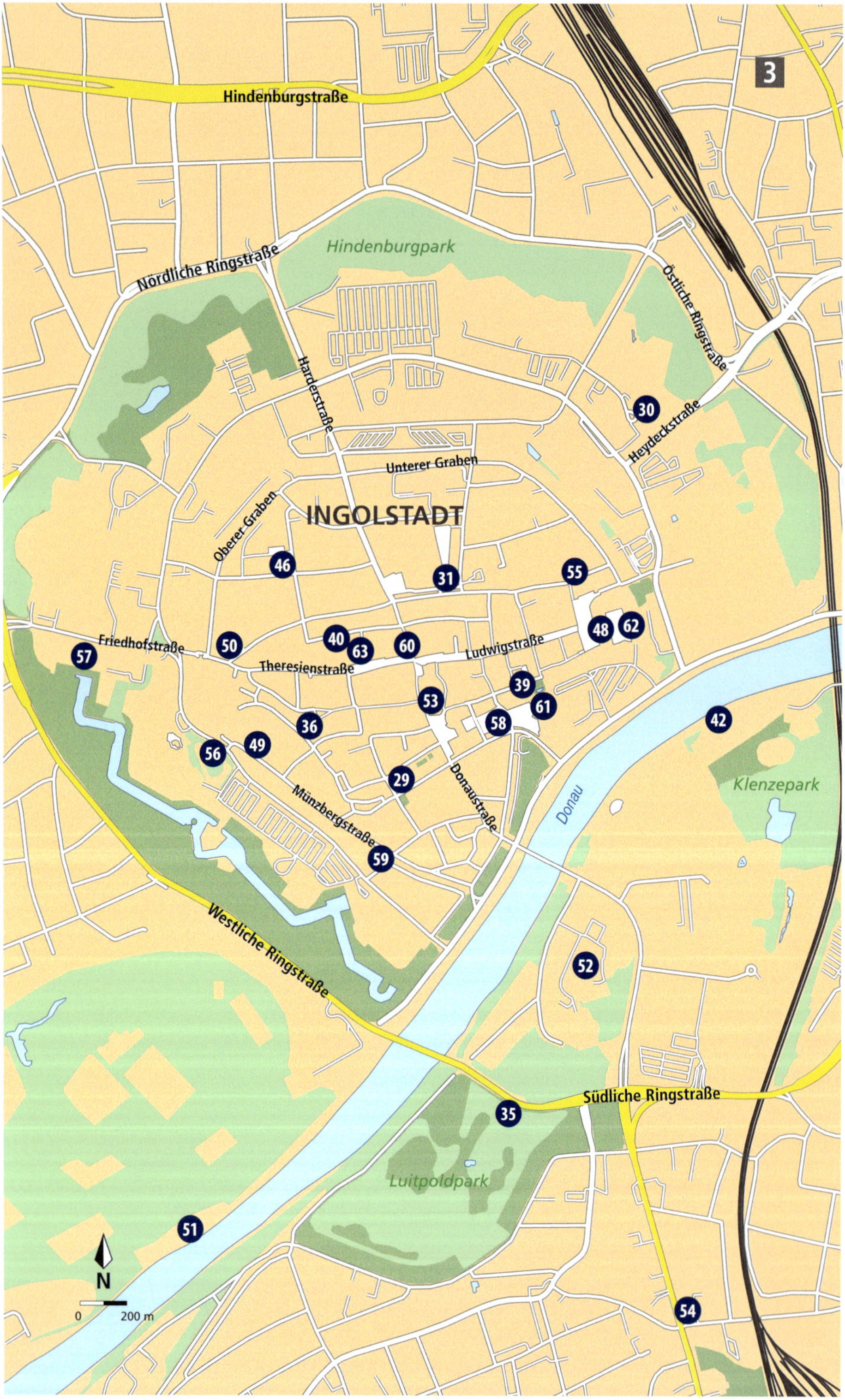
3
Hindenburgstraße
Hindenburgpark
Nördliche Ringstraße
Östliche Ringstraße
Hardertstraße
Heydeckstraße
30
Unterer Graben
INGOLSTADT
Oberer Graben
46
31
55
48
62
Friedhofstraße
50
40
63
60
Ludwigstraße
57
Theresienstraße
39
61
53
42
58
36
49
56
Klenzepark
29
Donaustraße
Donau
Münzbergstraße
59
Westliche Ringstraße
52
Südliche Ringstraße
35
Luitpoldpark
51
N
0
200 m
54

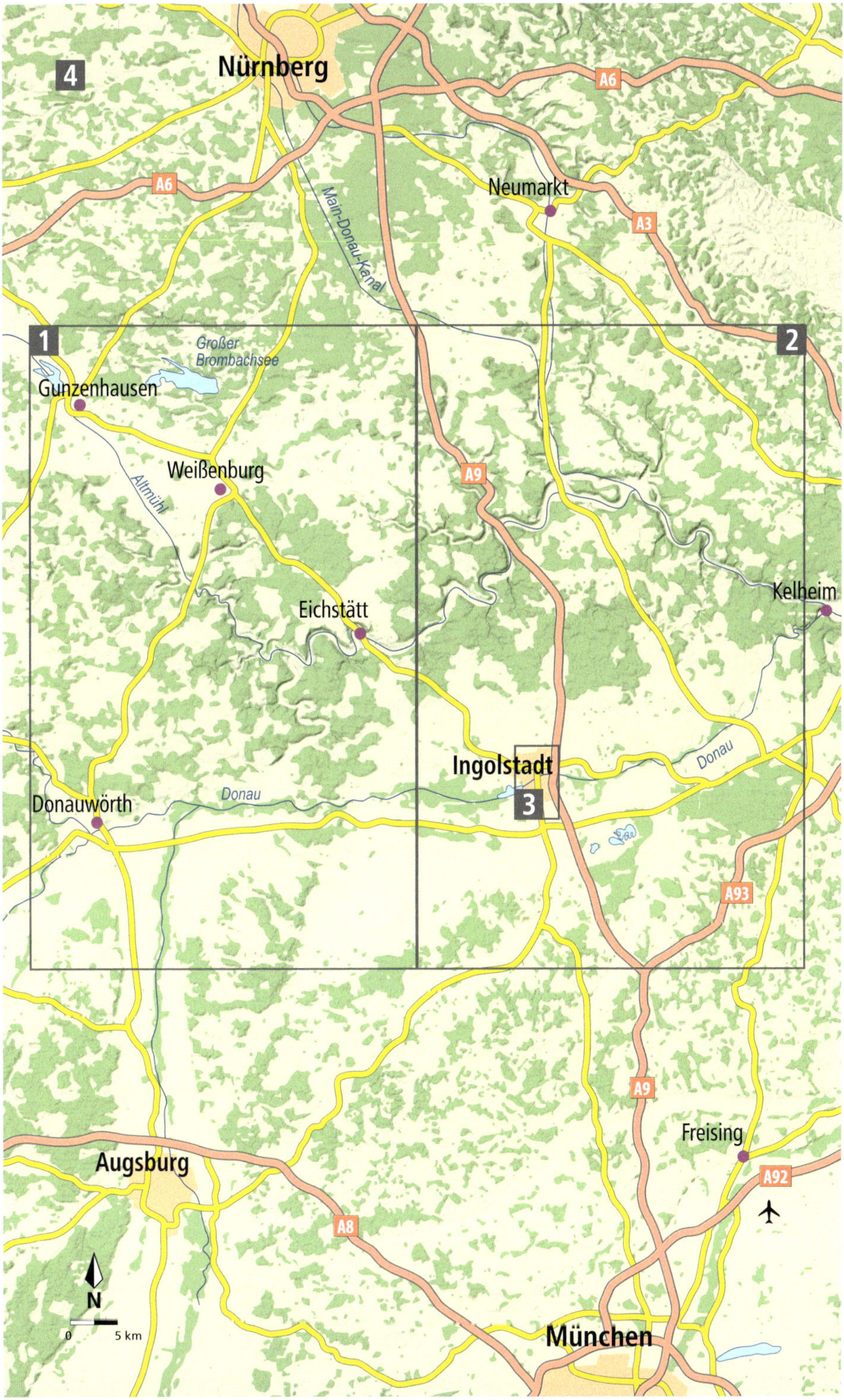

4
Nürnberg
A6
A6
Neumarkt
A3
Main-Donau-Kanal
1
2
Großer
Brombachsee
Gunzenhausen
Weißenburg
Altmühl
A9
Kelheim
Eichstätt
Ingolstadt
Donau
3
Donauwörth
Donau
A93
A9
Freising
A92
Augsburg
A8
N
0
5 km
München

Dietmar Bruckner, Jo Seuß
111 Orte in Nürnberg, die man gesehen haben muss
ISBN 978-3-7408-1019-1

Gregor Nagler
111 Orte in Augsburg, die man gesehen haben muss
978-3-7408-1422-9

Erwin Ulmer
111 Orte in Ulm, um Ulm und um Ulm herum, die man gesehen haben muss
ISBN 978-3-7408-1482-3

Jo Seuß
111 Orte in Fürth und Erlangen, die man gesehen haben muss
ISBN 978-3-7408-0724-5

Dietlind Castor
111 Orte am Bodensee, die man gesehen haben muss
ISBN 978-3-7408-1098-6

Bernd Schinner,
René Rabenbauer
111 Orte im Fichtelgebirge, die man gesehen haben muss
ISBN 978-3-7408-0741-2

Jochen Reiss
111 Orte im Fünfseenland, die man gesehen haben muss
ISBN 978-3-7408-1419-9

Julia Lorenzer, Fabian Marcher
111 Orte in Rosenheim und im Inntal, die man gesehen haben muss
ISBN 978-3-95451-735-0

Rüdiger Liedtke
111 Orte in München, die man gesehen haben muss, Band 1
ISBN 978-3-7408-1298-0

Cornelia Ziegler
111 Orte rund um München, die man gesehen haben muss
ISBN 978-3-7408-0437-4

Rüdiger Liedtke
111 Orte in München, die man gesehen haben muss, Band 2
ISBN 978-3-7408-0722-1

Christine Hochreiter, Frank Klein
111 Orte in und um Passau, die man gesehen haben muss
ISBN 978-3-7408-0733-7

Cornelia Ziegler
111 Orte im Allgäu, die man gesehen haben muss
ISBN 978-3-7408-1278-2

Renate Bugyi-Ollert (Recherche), Bernhard Horsinka, Nele Moedebeck
111 Orte in und um Würzburg die man gesehen haben muss
ISBN 978-3-7408-1343-7

Ottmar Neuburger, Lisa Graf-Riemann
111 Orte vom Wilden Kaiser bis zum Dachstein, die man gesehen haben muss
ISBN 978-3-7408-0138-0

Dorothea Steinbacher
111 Orte im Chiemgau und im Rupertiwinkel, die man gesehen haben muss
ISBN 978-3-7408-1165-5

Reiner Vogel, Maximilian Raab
111 Orte in Niederbayern, die man gesehen haben muss
ISBN 978-3-7408-0874-7

Astrid Süßmuth
111 Almen und Hütten in Oberbayern, die man gesehen haben muss
ISBN 978-3-7408-0823-5

Oliver Ultsch, Pia Ultsch
111 Orte in und um Coburg, die man gesehen haben muss
ISBN 978-3-95451-923-1

Kerstin Söder
111 Orte im Fränkischen Seenland, die man gesehen haben muss
ISBN 978-3-7408-1072-6

Fabian Brand
111 Orte in Oberfranken, die man gesehen haben muss
ISBN 978-3-7408-0992-8

Dietmar Bruckner, Michaela Moritz
111 Orte in der Fränkischen Schweiz, die man gesehen haben muss
ISBN 978-3-7408-1089-4

Gertrud Steiger, Joachim Steiger
111 Orte im Odenwald, Spessart und an der Bergstraße, die man gesehen haben muss
ISBN 978-3-7408-0878-5

Reiner Vogel, Maximilian Raab
111 Orte in Regensburg, die man gesehen haben muss
ISBN 978-3-95451-054-2

Astrid Süßmuth
111 Orte im Werdenfelser Land, die man gesehen haben muss
ISBN 978-3-7408-0118-2

Gabriele Kalmbach
111 Orte in Stuttgart, die man gesehen haben muss
ISBN 978-3-7408-0974-4

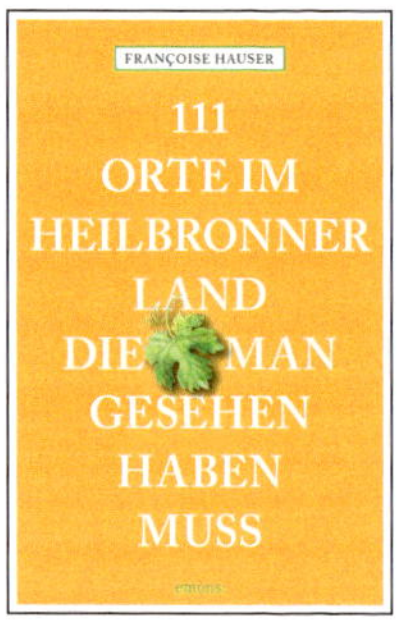

Françoise Hauser
111 Orte im Heilbronner Land, die man gesehen haben muss
ISBN 978-3-95451-842-5

Textnachweis
Richard Auer: Kap. 1, 4, 5, 6, 8, 9, 10, 12, 14, 15, 16, 17, 18, 19, 20, 21, 24, 27, 40, 46, 64, 68, 71, 72, 75, 74, 76, 77, 78, 80, 81, 82, 83, 87, 88, 89, 90, 91, 92, 93, 94, 95, 96, 98, 99, 100, 101, 102, 103, 104, 105, 106, 107, 108, 109, 110, 111;
Gerhard von Kapff: Kap. 2, 3, 7, 11, 13, 22, 23, 25, 26, 28, 29, 30, 31, 32, 33, 34, 35, 36, 37, 39, 38, 41, 42, 43, 44, 47, 48, 49, 50, 51, 52, 53, 54, 55, 56, 57, 58, 59, 60, 61, 62, 63, 65, 66, 67, 69, 70, 73, 79, 84, 85, 86, 97

Fotonachweis
Richard Auer: Kap. 1, 8, 12, 14, 15, 16, 18, 19, 21, 24, 40, 46, 64, 74, 76, 77, 78, 80, 81, 82, 89, 90, 91, 92, 94, 99, 100, 101, 103, 109, 110, 111; Moritz Auer: Kap. 4, 5, 6, 9, 10, 17, 20, 27, 68, 71, 72, 75, 83, 87, 88, 93, 95, 96, 98, 102, 104, 105, 106, 107, 108; Gerhard von Kapff: 2, 3, 11, 13, 22, 23, 25, 26, 28, 29, 30, 31, 32, 34, 35, 37, 39, 41, 42, 43, 44, 45, 49, 51, 53, 55, 56, 57, 58, 59, 60, 61, 62, 63, 65, 66, 67, 69, 84, 85, 86, 97; Sibylle von Kapff: Kap. 33, 53; Stadt Ingolstadt: Kap. 36, 47, 48; GVZ: Kap. 38; Wittelsbacher Ausgleichsfonds: Kap. 70; Stadt Dietfurt: Kap. 7; Wolfgang Gags, Edi Pauliner: Kap. 50; Stadttheater Ingolstadt: Kap. 52; Jörg Baustetter: Kap. 73; Josef Tremml: Kap. 79

Richard Auer, Jahrgang 1965, studierte Diplom-Journalistik an der Katholischen Universität Eichstätt und hält der Stadt seitdem die Treue. Mit seiner Frau, drei Söhnen und dem Kater Lorenzo wohnt er mitten in der barocken Altstadt. Seit drei Jahrzehnten arbeitet er als Lokalredakteur im Altmühltal und seiner näheren Umgebung. Im Emons-Verlag erschienen bereits seine Altmühltal-Krimis »Vogelwild«, »Walburgisöl«, »Hausbock«, »Teufelsmauer«, »Lammauftrieb«, »Willibaldsruh«, »Altmühlhexen« und »Reliquienraub«.

Gerhard von Kapff, Jahrgang 1964, wohnt mit seiner Frau und zwei Jungs in Ingolstadt. Er ist freier Reisejournalist und Autor der Bücher »Mit zwei Elefanten über die Alpen. Eine Familie wandert von München nach Venedig«, »Wüstenblues« und »Abenteuer für Vater und Sohn. Unvergessliche Erlebnistouren in Bayern«. Außerdem ist er als Vortragsreferent mit Multimedia-Shows in ganz Deutschland unterwegs.
www.abenteuer-zum-nachmachen.com,
www.camping-und-wohnmobil.de